대한민국 대표논술 발랄샘 논술이 만든 교과논술

바깔로레아
초등 **교과** 논술

국어도 풀고, **사회**도 풀고, **과학**도 풀고

생각의 뿌리가 달라야 합니다!

뿌리 깊은 나무는 바람에 아니 뮐세

꽃됴코 여름 하나니

샘이 깊은 물은 가마래 아니 그칠세

내히 이뤄 바라래 가나니

— 《용비어천가》제2장

뿌리가 깊이 박힌 나무는 북풍한설 찬바람에도 잘 버틸 수 있습니다. 거추장스러운 이파리도 어쭙잖게 풋 익은 열매도 다 버리고 뿌리로만 견딥니다. 얕은 뿌리로는 견딜 수 없습니다.

교육도 마찬가지입니다. 스스로 생각할 수 있는 튼튼한 뿌리를 만들어 주어야 묻고 반응하고 비판하는 능력도 커지고 문제 해결 능력도 커지는 것입니다. 〈바깔로레아 초등 교과 논술〉은 아이들이 생각의 뿌리를 내릴 수 있는 알맞은 토양을 만들어 주기 위해 노력하고 있습니다. 생각의 뿌리가 튼실하게 내리지 못한 채 책을 읽고, 글을 쓰는 것은 모래 위에 집을 짓는 것과 같습니다.

〈바깔로레아 초등 교과 논술〉은 선생님이 불러 주는 대로 받아 쓰기만 하는 아이가 아니라, 스스로 자기 생각의 크기를 키워 나가는 아이, 막힐수록 더욱 성취 동기가 불타 올라 꼭 알아내야만 직성이 풀리는 아이, 선생님 이야기에서 생각의 실마리를 얻어 끊임없이 질문하고 생각하는 아이가 될 수 있도록 아이들의 뿌리를 생각하겠습니다. 그리고 열매는 아이들과 학부모님의 몫으로 온전히 돌려 드리겠습니다.

지은이 서울대 국어교육학 박사 박학천

- 국어 사회 과학 + 독서 논술 토론 통합 프로그램입니다.
- 쉽고 부담 없는 자료를 편하게 따라만 가면 저절로 사고력, 독해력, 이해력이 자라는 검증된 프로그램입니다.

단원별 학습 목표 및 구성

week 01
발상사고혁명

실질적인 〈발상·사고〉 훈련
- 고정관념을 깨고, 개성적인 사고를 기릅니다.
- 스스로 질문하고 비판하는 시각과 자세를 기릅니다.

week 02
교과서 논술 01

〈국어 능력〉 심화 학습
- 국어 교과서 선행 학습으로 단원의 핵심을 이해합니다.
- 수행 평가, 서술형 논술형 문항으로 국어과 학습 능력을 키웁니다.

  ※ 교과서 활용 : 『듣기·말하기·쓰기』 / 『읽기』

week 03
독서 클리닉

실질적인 〈읽기 능력〉 향상 훈련
- 억지로 읽기보다는 읽는 맛과 재미를 알려 줍니다.
- 비판적 읽기, 개성적 읽기로 글을 보는 안목을 키웁니다.

week 04
교과서 논술 02

〈국어 능력〉 심화 학습
- 국어 교과서 선행 학습으로 단원의 핵심을 이해합니다.
- 수행 평가, 서술형·논술형 문항으로 국어과 학습 능력을 키웁니다.

  ※ 교과서 활용 : 『듣기·말하기·쓰기』 / 『읽기』

거북이 정도는 문제 없어!

week 05
영재 클리닉 01

사회 교과서를 활용한 영재 심화 학습
- 통합 교과 시대를 대비, 사회과 학습 테마를 논술로 연결시켜 쉽고 재미있게 초중고 학습 과정의 주요 주제와 쟁점을 알려 줍니다.

※ 교과서 활용: 『사회』

week 06
교과서 논술 03

〈국어 능력〉 심화 학습
- 국어 교과서 선행 학습으로 단원의 핵심을 이해합니다.
- 수행 평가, 서술형·논술형 문항으로 국어과 학습 능력을 키웁니다.

※ 교과서 활용: 『듣기·말하기·쓰기』 / 『읽기』

week 07
영재 클리닉 02

과학 교과서를 활용한 영재 심화 학습
- 통합 교과 시대를 대비, 과학과 학습 테마를 논술로 연결시켜 쉽고 재미있게 초중고 학습 과정의 주요 주제와 쟁점을 알려 줍니다.

※ 교과서 활용: 『과학』

week 08
논술 클리닉

『듣기·말하기·쓰기』 교과서를 활용한 논술 훈련!
- 『듣기·말하기·쓰기』 교과서로 쓰기 학습 능력을 키운 후, 생활문에서 본격 논술까지 자신 있게 자신의 견해를 글로 표현하도록 유도합니다.

※ 교과서 활용: 『듣기·말하기·쓰기』

차례

발상사고혁명	모두 모두 행복하게	**05**
교과서 논술 01	나눔의 기쁨	**13**
독서 클리닉	80일간의 세계 일주	**23**
교과서 논술 02	우리가 사는 세상	**33**
영재 클리닉 01	개화와 국권 상실, 그리고 독립운동	**43**
교과서 논술 03	깊은 생각 바른 판단	**53**
영재 클리닉 02	별 하나, 나 하나	**63**
논술 클리닉	조기 유학에 대하여	**71**
신통방통 서술형 논술형	국어 술술 사회 술술 과학 술술	**81**

책 속의 책 | **GUIDE & 가능한 답변들**

발상 사고 혁명

모두 모두 행복하게

모두가 행복하면 나도 좋고 너도 좋고…

왜 어떤 사람은 멋진 3층집에 살고 어떤 사람은 다 쓰러져 가는 판자집에 사는 것일까요?

01 가난 구제는 나랏님도 못한다?

* 다음 글을 읽고, 물음에 답하시오.

가난에는 두 가지 종류가 있습니다. 하나는 절대적 빈곤입니다. 이런 가난은 끼니도 제대로 잇지 못할 만큼 가난해 생계마저 위협받고 있는 것을 말합니다. 누가 보더라도 가난한 것이지요. 두 번째는 상대적 빈곤입니다. 이것은 다른 사람에 비해 내가 가진 게 부족할 때 가난하다고 하는 것인데, 예를 들면 부자들만 사는 동네에 평범한 사람이 살고 있다면 그 사람은 상대적 빈곤자, 가난한 사람이 되는 것이지요.

'가난 구제는 나랏님도 못한다.' 라는 속담이 있습니다. 개개인의 가난한 사람을 돕는 것이 힘들기도 하지만, 대부분의 사람들이 상대적 빈곤의 처지에 놓여 있기 때문에 결국 가난한 사람은 없어질 수 없는 것입니다.

1 사람들이 상대적 빈곤감을 느끼는 까닭은 무엇입니까?

2 절대적 빈곤과 상대적 빈곤 중 어느 쪽이 더 불행하다고 느낄 것이라고 생각합니까? 그 까닭도 써 봅시다.

우리 반에서 가장 가난한 사람?

　서울에 사는 학부형 김모씨는 10년간 살던 K구에서 S구로 이사를 왔다. K구는 서울에서도 상대적으로 부유한 계층이 사는 동네였고 S구는 일반적인 서민들이 사는 동네였다. 김씨가 10년간이나 살던 동네를 떠나 이사를 간 이유는 올해 초등학교 5학년인 딸아이 때문이었다.

　얼마 전 딸의 학교에서 불우이웃돕기 성금 모금을 했다. 반 아이들 모두가 부유한 집 아이들이라 성금은 꽤 많이 거두어졌고, 아이들은 이 돈을 어디에 낼 것인가를 고민하다가 모르는 사람을 도와 주지 말고 아는 사람을 도와 주자는 데 의견이 모아졌다. 아이들은 저희들 나름대로 우리 반에서 제일 가난한 사람이 누군가를 생각했고, 그 결과 김씨의 딸이 불우이웃(?)이 되었다. 김씨의 딸은 지금까지 부족한 것 하나 없이 살아왔고 자기가 가난한 사람이라고 생각해 본 적도 없었는데 자기가 가난한 사람으로 결정되었다는 것에 충격을 받고 학교를 가지 않기 시작했다. 김씨 역시 딸만큼 충격을 받았다. 그리고 김씨 부부는 아이를 전학시키고 이사를 가기로 결정한 것이다.

3 김씨 부부가 10년간 살던 동네를 떠나 이사를 간 까닭은 무엇입니까?

4 여러분이 생각하는 '가난한 사람'은 어떤 사람입니까?

02 빈익빈 부익부

* 다음 글을 읽고, 물음에 답하시오.

　사람들은 가난함을 벗어나지 못하는 것이 잘 살려는 노력은 하지 않고, 게으르고 낭비를 많이 해서 그런 상태를 벗어나지 못하는 것이라고 비난을 한다. 그리고 부자들을 보면 그들이야말로 정말 부지런하고 검소하며 노력하는 사람들이라고 칭찬을 한다. 물론 그런 사람도 있다. 하지만 부자는 계속 부자이고 가난한 사람은 계속 가난할 수밖에 없는 이유가 있다.

　부자들은 여유가 있는 사람들이다. 자본주의 사회에서 그 사람들은 투자를 하고 저축을 해서 계속 돈을 벌어들이고 있다. 그러나 가난한 사람들은 하루 먹고 살기가 바쁜 사람들이다. 당연히 투자할 만한 여유 돈이 있지도 않고 저축을 할 돈도 없다. 부자들은 좋은 교육을 받고 고급 교육을 받을 수 있지만 가난한 사람은 기본적인 교육조차 생계를 위해 중단하여야 한다. 교육의 기회가 사라진 사람들은 여전히 적은 임금을 받는 직업을 선택할 수밖에 없다.

　이렇듯 가난한 사람은 계속 가난하고 부자인 사람은 계속 부자가 된다는 말을 '빈익빈 부익부'라고 한다.

1 '빈익빈 부익부'가 무엇입니까?

2 가난한 사람들이 가난을 벗어날 수 있는 방법에는 무엇이 있는지 생각해서 써 봅시다.

03 빈부격차를 해소해야지

* 다음 그래프를 보고, 물음에 답하시오.

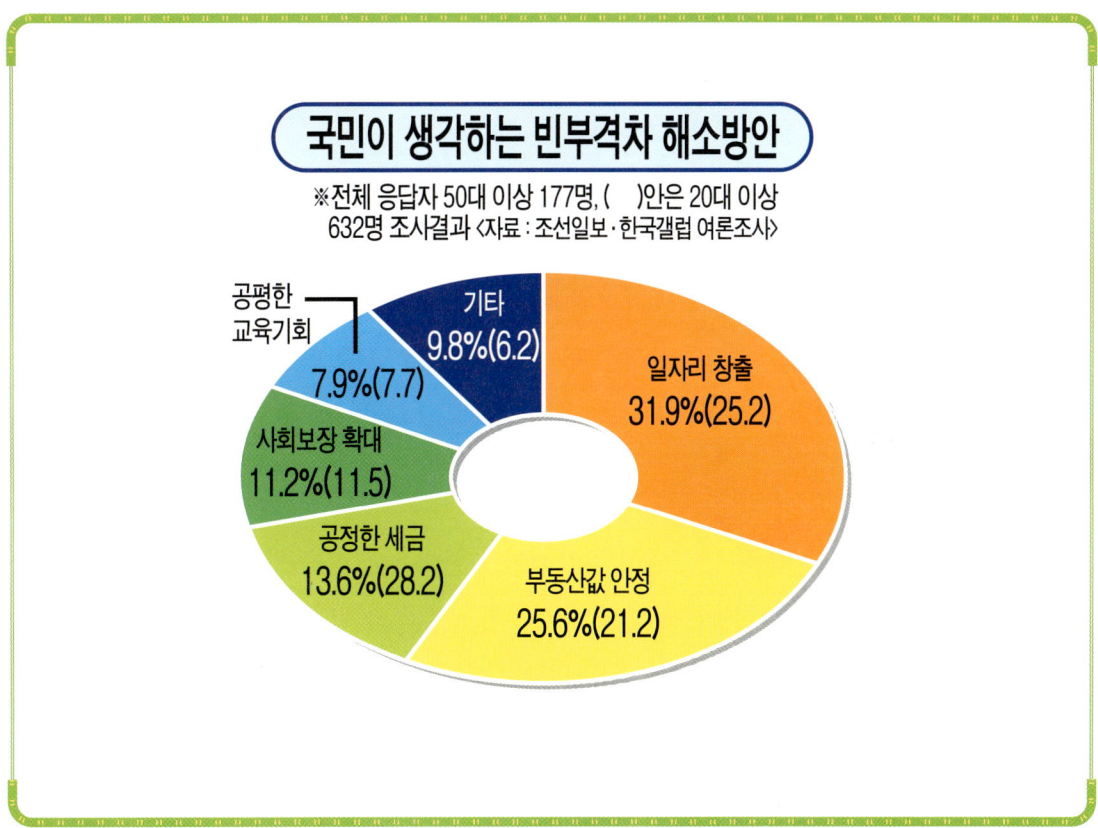

1 국민들이 생각하는 빈부격차를 줄이는 방법에는 어떤 것들이 있습니까?

2 여러분이 높은 사람이 되어 빈부격차를 줄이는 방법을 내놓는다면 어떤 방법을 내놓고 싶습니까?

3 빈부격차를 해소해야 하는 까닭은 무엇인지 친구들과 이야기해 봅니다.

기부 문화

　세계에서 제일 부자인 빌 게이츠는 매년 수십억 달러에 이르는 돈을 사회 각 단체에 기부한다. 또한 자신이 죽으면 재산의 일부분을 사회에 환원하겠다고 말했다. 철강왕 카네기 역시 대학과 장학재단을 세워 자기가 이룩한 부를 사회를 위해 쓰고 죽었다. 카네기는 사회에서 벌어들인 돈은 사회로 환원해 사회 복지를 위해 투자하여야 한다는 신념을 가지고 있었다. 세계의 부자들은 모두 자기 자신과 가족만을 위하지 않고 사회를 위하여 기부하고 환원하는 기부 문화를 정착시켰다.

　예전에 경주에 최 부자집이 있었다. 최 부자집은 대대로 이어내려 오는 만석꾼 집안이었다. 최 부자집은 만 석 이상의 재산을 모으지 않고, 가난한 사람들에게 나눠 주며, 과객을 후하게 대접하고, 흉년에는 땅을 사지 않는 등 가진 자가 베풀어야 할 미덕을 훌륭하게 지킨 사람들이었다.

4 사회에 재산을 환원한 철강왕 카네기의 신념은 무엇이었습니까?

5 경주 최 부자집처럼 가진 자의 미덕을 실천하기보다는 가진 것을 더 늘리려고만 하는 사람들에게 어떤 말을 해 주고 싶은지 써 봅시다.

참된 기업가 유일한

유일한은 병들고 고생하는 무지한 민중들을 보며 유한양행을 세웠다. 그는 유명한 화학박사를 초빙해 수입 약품에 못지않은 질 좋은 약품을 생산하기 시작했다. 유한양행은 단순히 영리만을 목적으로 한 기업이 아닌 민족에 봉사하기 위한 기업이었다.

1936년 우리나라 최초로 종업원 지주제를 실시했던 유일한은 혈연 관계가 전혀 없는 전문 경영인에게 경영권을 넘겼다. 또한 자신의 개인 재산을 털어 고려 공과 기술 학원을 세웠다. 이후 한국 직업학원, 유한공고, 유한중을 설립하는 등 교육 사업에 심혈을 기울였다. 그러면서 유한양행 총 주식 40%를 각종 공익재단에 기증하는 등 모든 소유 주식을 사회에 기증했다.

76세를 일기로 세상을 떠난 유일한은 그의 나머지 모든 재산마저 공익재단에 기부하였다. 그의 딸 유재라 씨도 1991년 미국에서 숨을 거두며 자신의 전 재산을 공익재단인 유한재단에 기부했다. 2대에 걸쳐 전 재산을 사회에 환원한 신화를 이룩했다.

〈한국 경제전문가들이 국내에서 가장 존경하는 기업인〉, 〈전 재산을 사회에 되돌려준 참된 기업가〉 바로 유일한을 수식하는 말들이다.

6 유일한이 한 '부의 사회 환원'에는 어떤 것들이 있습니까?

7 만약 여러분의 부모님이 모든 재산을 사회에 환원하겠다고 하면 여러분은 어떤 생각을 가지겠습니까?

만약에…

※ 다음 글을 읽고, 물음에 답하시오.

로또 19회차(4월19일 추첨)에서 국내 복권 사상 최고액인 407억원에 당첨된 춘천경찰서 전 박모 경사(39)가 추가로 성금 22억원을 기탁했다.

박경사는 지난 25일 낮 춘천경찰서 김남웅 서장을 통해 경찰관 자녀들의 장학금으로 10억 원을 쾌척한 데 이어 같은 날 지역 언론사인 〈강원일보〉를 방문, "공익재단을 설립해 춘천과 홍천 지역의 불우이웃을 도와달라."며 20억 원을 추가로 내놓았다.

박경사는 또 자신의 아들과 딸이 다니던 초등학교에도 장학금 2억 원을 기부했다.

박경사는 "로또 추첨 방송을 봤는데 당시 4등에 당첨된 줄 알았다가 다시 확인했더니 1등이 된 사실을 알고 밤잠을 이루지 못했다."며 "가족에게는 당첨 이튿날 알렸다."고 말했다.

또, 당첨을 확인한 순간 "이제 더 이상 승진 시험을 못 보겠구나 하는 생각에 마음이 착잡했다."며 "천직으로 알던 공직을 떠나야 하는 사실이 가장 안타까웠다."고 심정을 털어놓았다.

〈강원일보〉는 박경사가 "2~3년간 해외에서 유학한 뒤 한국에 돌아와 소외되고 어려운 이웃을 위해 살겠다."고 밝혔다고 전했다.

1 여러분이 만약 거액의 복권에 당첨된다면 그 돈을 어떻게 쓸 것인지 자유롭게 말해 봅시다.

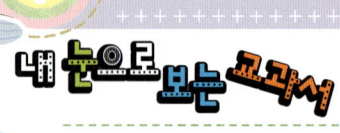

01 사과하는 글의 특성을 알아 봐요

듣기 말하기 쓰기 교과서 68~71쪽 | 학습 목표 : 사과하는 글을 쓸 때에 주의할 점을 알 수 있다.

(가) 사랑하는 어머니께

　어머니, 어제 어머니께 화내서 죄송해요. 집으로 돌아오는 길에 친구와 말다툼을 하여 화가 많이 났었거든요. 그런데 동생이 같이 놀아 달라고 계속 귀찮게 따라다녀서 짜증이 났어요. 그래서 동생도 울리고 어머니께 괜히 화를 내며 방에서 나오지도 않았어요. 정말 제가 왜 그랬는지 모르겠어요.

　어제 많이 후회하였는데, 오늘 아침에도 쑥스러워서 어머니께 죄송하다고 말씀드리지 못하였어요. ㉠

　다음부터는 어제처럼 까닭 없이 가족에게 화내지 않을게요.

　죄송합니다. 사랑해요, 어머니.

20○○년 ○○월 ○○일
딸 지은 올림

(나) 우현아, 아까 정말 미안했어.

　체육 시간에 놀다가 네 발에 걸려 넘어졌을 때 나는 네가 일부러 발을 건 줄 알았어. 그래서 네가 바로 미안하다고 말하였는데도 듣지 않고 마구 화낸 거야. 정말 많이 아팠거든.

　그런데 나중에 네게 일부러 한 것이 아니라고 다훈이가 말해 주었는데, 네가 선생님께 꾸지람을 들으니까 너무 미안해서 말을 못 하겠더라. 내가 오해한 것이라고 선생님께도 꼭 말씀드릴게. 정말 미안해.

단짝 친구 용성이가

1 사과하는 글에 대한 설명으로 알맞지 <u>않은</u> 것은 무엇입니까? (　　)

① 내가 잘못하게 된 까닭을 설명한다.
② 내 마음만 헤아려 사과하는 내용을 쓴다.
③ 상대방의 마음은 어떠했는지 생각해야 한다.
④ 누가 누구에게 사과하는 내용인지 알 수 있다.
⑤ 무엇을 잘못했는지 사과하는 내용이 드러난다.

2 (가), (나)와 같이 사과하는 내용을 말로 하는 것보다 글로 표현하는 것이 더 효과적인 때는 언제인지 쓰시오.

_____

3 (가)의 지은이는 어떤 잘못에 대해 사과하고 있습니까? ( )

① 친구와 말다툼하고 화낸 일
② 까닭 없이 가족에게 화낸 일
③ 어머니께 죄송하다고 못한 일
④ 집으로 곧장 돌아오지 않은 일
⑤ 동생과 같이 놀아 주지 못한 일

4 (나)에서 용성이가 사과하는 까닭은 무엇인지 쓰시오.

_____

5 상대를 배려하는 마음이 담긴 말 중 ㉠에 들어가기에 알맞은 것은 무엇입니까?( )

① 많이 속상하셨지요?
② 이제 화를 안 낼게요.
③ 제 마음을 이해해 주세요.
④ 동생과 사이좋게 지낼게요.
⑤ 제가 왜 화를 냈는지 아시겠지요?

유레카

'유레카'는 그리스어로 '나는 그것을 발견했도다'라는 뜻으로, 지금은 주로 '아이디어 개발'이나 '발명의 성취'를 상징하는 말로 쓰인다. 이 말이 사람들의 입에 오르내리게 된 것은 다음과 같다.

시라쿠사에 히에론 2세라는 왕이 있었는데, 그는 세공사가 왕관에 은을 섞었다고 의심하여 아르키메데스를 불러 사실 확인을 부탁했다. 하지만 아르키메데스에게는 엄청난 부담이었다. 왕관을 부수지 않은 상태에서 검증을 해 내야 했기 때문이다.

고민하던 그는 어느 날 욕조에서 자신의 몸이 가벼워지는 것을 보고 역사적인 발견을 하게 된다. 물체의 일부 또는 전체가 유체(액체 또는 기체) 속에 있을 때 물체에는 그 물체가 차지한 유체의 부피만큼 부력이 작용한다는 원리를 알아 낸 것이다.

그는 너무 기쁜 나머지 '유레카! 유레카!' 하고 외치며 알몸으로 거리로 뛰쳐나왔다고 한다. 이 원리는 즉시 왕관에 은이 섞여 있는지 알아내는 데 이용되었고, 나중에는 배 위의 짐 무게를 계산하는 데도 이용된다.

아르키메데스가 목욕탕에서 위대한 발견을 할 수 있었던 것은 '아이디어란 신경이 이완되어 있을 때 나온다'는 평범한 진리를 확인시켜 준다. 아이디어를 찾는 장소로는 목욕탕 이외에도 중국 북송의 정치가인 구양수가 말한 '삼상(三上)', 즉 '마상(馬上, 말 위), 침상(枕上, 침대 위), 측상(廁上, 화장실 변기 위)'이 있다.

또한 칸트가 활용했다는 '산책'의 방법을 활용해 볼 필요도 있다. 걸을 때는 뇌의 신경 세포가 자극되기 때문에 철학자 칸트는 늘 산책하면서 새로운 아이디어를 찾았다고 한다.

1 그리스어로 '유레카'의 원래 뜻은 무엇입니까?

2 '구양수'와 '칸트'는 어떠한 방법으로 아이디어를 구상했는지 쓰시오.

02 서평을 활용하여 필요한 책을 읽어요

읽기 | 교과서 72~79쪽 | 학습 목표 : 서평이 우리에게 어떤 도움을 주는지 알 수 있다.

더불어 살아가는 이야기

"엄마는 파업 중"은 어머니가 파업을 하자 우왕좌왕하는 가족의 이야기로, 어머니가 하던 일을 가족이 실제로 해 봄으로써 어머니에게 고마움을 느끼게 되는 이야기입니다.

"엄마가 집안일을 하시는 것은 당연한 거야."라는 말에 의문을 던지는 이 이야기는 가족의 역할에 대하여 다시 한번 생각해 보게 합니다. 그리고 외국의 그림 동화인 "돼지책"이 생각나는 우리 동화책입니다.

1 위와 같은 서평을 통해 우리가 받는 도움이 무엇인지 쓰시오.

2 위 서평에서 소개한 책의 내용은 무엇입니까? ( )

① 입원하신 어머니를 간호하는 가족의 이야기
② 서로 역할을 바꾸어 생활하는 가족의 이야기
③ 어머니가 파업을 하면서 가족이 겪는 이야기
④ 아버지가 회사를 그만두고 가족이 겪는 이야기
⑤ 어머니 회사가 파업하면서 가족이 겪는 이야기

3 "엄마는 파업 중"이라는 책의 서평에서 어머니의 파업 후 가족들이 느끼게 된 점이 무엇인지 쓰시오.

(가) 민휘야, 아버지는 최근에 책을 한 권 읽었단다. "열두 가지 전래 놀이의 아주 특별한 동화"라는 책이야. 이 책은 강정규 선생님 외 열한 분의 작가가 쓰신 동화 열두 편을 모은 책이야. 전래 놀이가 무엇인지 너는 잘 모르지?

지금으로부터 예닐곱 해 전, 언제나 저녁 늦게 집에 오는 나를 맞이했던 것은 다섯 살 난 너의 초롱초롱한 눈망울이었지. 맞벌이하던 네 어머니가 밀린 집안일을 하는 동안, 나는 너의 손을 잡고 놀이터로 향했지. 어둠이 깔린 텅 빈 놀이터에서 너와 나는 함께 그네나 시소를 타기도 하고, 정글짐에 오르기도 하였단다. 때로는 신발을 벗고 모래 장난을 하기도 하고, 함께 노래를 부르기도 하였지. 한 시간 정도 그렇게 놀다 와야 너는 잠이 들었고, 그때서야 아버지의 하루 일과가 끝났단다. 그 어두컴컴한 놀이터는 종종 나를 어린 시절로 돌아가게 하였지. 그 시절에는 딱지치기, 땅뺏기, 자치기, 팽이치기, 물수제비뜨기, 썰매타기 등 계절이나 상황에 따라 끝도 없이 이어지던 놀이가 있었단다.

(나) 이 책에는 사라져 가는 전래 놀이의 가치와 즐거움에 대한 이해와 애정, 오늘날 아파트 놀이터에서 놀이 아닌 놀이를 하는 아이들에 대한 안타까움이 드러나 있단다. 컴퓨터 게임과 놀이 시설에 길들여진 아이들에게 전래 놀이에 대한 관심과 흥미를 불러일으킬 수 있다는 점에서 ㉠<u>이 책이 다른 책보다 더 특별하게 느껴지는구나</u>.

그런데 요즈음 아이들은 이 책에 소개된 놀이가 낯설게 느껴질 수도 있을 거야. 워낙 옛날이야기를 하고 있어 아이들이 쉽게 공감하기 어려울지도 몰라. 그래서 몇몇 동화는 재미없게 느껴질 수도 있을 것이라는 걱정이 앞서는구나. 이 책에 실린 동화들이 그 시절의 아이들 놀이 모습을 있는 그대로 그려 내기보다는 요즈음 아이들이 관심을 가질 만한 이야기가 더 많았더라면 좋았을 것이라는 생각이 든다.

4 위와 같은 글의 기능으로 알맞지 <u>않은</u> 것은 무엇입니까? ( )

① 그 책에 대한 가치를 짐작할 수 있다.
② 그 책을 읽을지 판단하는 데 도움을 준다.
③ 그 책이 나에게 필요한지 판단하는 기준이 된다.
④ 그 책을 쓴 글쓴이에 대한 호기심을 해결해 준다.
⑤ 그 책을 다른 사람들이 어떻게 평가하는지 알 수 있다.

5 위의 글에 나타난 부정적인 평가가 <u>아닌</u> 것은 무엇입니까? （　　）

① 소개된 놀이가 매우 낯설게 느껴질 수도 있다.
② 요즈음 아이들이 관심을 가질 만한 이야기가 별로 없다.
③ 워낙 옛날이야기를 하고 있어 아이들이 쉽게 공감하기 어렵다.
④ 아이들보다 어른들이 할 수 있는 놀이 중심으로 이루어져 있다.
⑤ 책에 요즈음 아이들이 잘 모르는 놀이에 대한 동화들이 많이 실렸다.

6 아버지와 민휘가 함께했던 놀이를 모두 찾아 쓰시오.

_____

7 ㉠의 까닭은 무엇 때문인지 쓰시오.

_____
_____

악어의 눈물

'악어의 눈물'이라는 비유가 있다. 이 말은 영국의 작가인 셰익스피어가 "헨리 6세", "오델로" 등과 같은 작품에서 널리 인용하고 있는데, 이는 악어가 눈물을 흘리는 것을 보았다는 고대 여행자의 기록에서 비롯되었다. 즉 '물가에서 악어가 사람을 발견하게 되면 그 사람을 죽이고, 그런 뒤에는 그 죽은 사람을 위해 울면서 그를 먹어 치웠다.'라고 기록되어 있는 고대 문헌을 셰익스피어가 인용한 것이다. 그러니까 '악어의 눈물'은 착한 척하는 거짓 눈물이다.

그런데 '악어의 눈물'은 사실 반사 작용에 불과하다. 악어는 큰 고기를 삼킬 때 꼭 우는 것처럼 보인다. 악어는 자기 입보다 큰 먹이를 한꺼번에 삼키고 나서 숨을 급하게 들이쉬는 습성이 있다. 이때 눈물샘이 눌리게 돼 마치 먹이를 먹으면서 눈물을 흘리는 것처럼 보이는 것이다.

눈물은 인간의 감성을 자극해 동정심을 유발한다. 그러나 '악어의 눈물'은 '참회의 눈물'이 아니라 '거짓의 눈물'에 불과하다. 악어가 사람을 잡아먹은 뒤 흘리는 눈물이 무슨 의미가 있겠는가.

한편 '악어의 논법'이라는 비유도 있다. 고대 이집트의 전설에서 유래된 말이다. 나일 강에서 악어에게 자식을 빼앗긴 부모가 악어에게 애를 돌려달라고 호소한다. 악어는 "내가 아이를 돌려 줄 것인지 아닌지. 이 물음에 정답을 댈 수 있다면 돌려 주마."라고 대꾸한다. 물론 악어는 애를 돌려 줄 생각은 없고, 만일 아이의 부모가 "돌려 주시겠지요."라고 대답하면 애를 잡아먹으면서 "답이 틀렸다."고 말할 것이다. 또한 "돌려 주지 않으시겠지요."라고 말하면, "돌려 줄 생각이었는데 답이 틀려서 잡아먹어야겠다."고 할 것이다. 그래서 '악어의 논법'은 ㉠ 식의 이치에 닿지 않는 말을 억지로 둘러댄 말을 뜻한다.

1 악어가 먹이를 삼킬 때 눈물을 흘리는 까닭은 무엇입니까?

___

2 ㉠에 들어갈 말로 가장 알맞은 것은 무엇입니까? (　　　)

① 뛰는 놈 위에 나는 놈 있다　　② 보기 좋은 떡이 먹기도 좋다
③ 가는 말이 고와야 오는 말이 곱다　　④ 코에 걸면 코걸이, 귀에 걸면 귀걸이
⑤ 콩 심은 데 콩 나고 팥 심은 데 팥 난다

03 서평을 읽고 어떤 책인지 짐작해 봐요

읽기 | 교과서 81~84쪽 | 학습 목표 : 서평을 읽고 어떤 책인지 짐작할 수 있다.

(가) 1993년부터 2005년까지 123명의 어린이들이 쓴 시를 모아서 엮은 동시집 ㉠"새들은 시험 안 봐서 좋겠구나"에는 감추고 싶고 드러내기 꺼려하는 일들에 대한 어린이들의 마음이 고스란히 드러나 있다.

시험
이우진

시험 날인데
나는 오늘도 놀았다.
몇 점이나 나올까?
밖을 내다보았다.
새들이 나무에 앉아 논다.
새들은 시험 안 봐서 좋겠구나.

시험을 앞두고 나무에 앉은 새들을 보며 '너희들은 시험 안 봐서 좋겠다.' 라고 생각한 것을 표현한 이 시는 좋은 시가 어떤 것인지에 대한 해답을 주고 있다. 좋은 시는 결코 말장난을 하거나 도무지 무슨 말인지 몰라 진심이 드러나지 않는 시가 아닐 것이다. 좋은 시는 진심이 담긴 시로 우리 마음을 흔들어 놓으며 큰 감동을 준다.

(나) 이 동시집에는 억지로 꾸미고 갖은 말재주를 부린 동시가 없다. 어린이들이 자신만의 이야기로 동시를 채워 나가고 있기 때문에 생활 속에서 느낀 어린이들의 생각과 감성이 생생하게 드러난다. 그래서 이 동시집을 읽으면 어린이들의 마음을 읽을 수 있을 뿐만 아니라, '나도 동시를 쓸 수 있겠다.' 라는 생각이 든다.

1 이 동시집을 읽기에 가장 알맞은 사람은 누군지 쓰시오.

2 동시집을 읽고 어떤 생각이 들었다고 하였는지 쓰시오.

3 ㉠을 통해 알 수 있는 내용으로 알맞지 <u>않은</u> 것은 무엇입니까? ( )

① 어린이들의 마음이 고스란히 잘 드러나 있다.
② 어린이들의 생각과 감성을 생생하게 표현했다.
③ 억지로 꾸미고 갖은 말재주를 부린 동시가 없다.
④ 어른들의 생활을 어린이의 눈으로 순진하게 나타냈다.
⑤ 어린이들 자신만의 이야기로 동심을 솔직히 표현했다.

어머니와 함께 떠나는 우주여행

아이디 : 으라차차

아이들에게 선뜻 골라 줄 과학책을 찾는 것은 생각보다 어려웠다. 그런데 ㉠ "별똥별 아줌마가 들려주는 우주 이야기"는 우주에 대한 내용을 객관적 사실을 바탕으로 하여 흥미롭게 소개하고 있다.

이 책은 민지, 민우 남매에게 천문학자인 어머니께서 우주에 대한 재미있는 이야기를 들려준다는 내용으로, 어머니께서 아이에게 이야기하듯이 차분하면서도 다정하게 우주에 대하여 알려 준다. 태양계 안에 속하여 있는 별들인 수성, 금성, 화성, 목성, 토성, 천왕성 등과 우리가 살고 있는 지구에 대한 이야기를 아이들에게 쉽고 자세히, 그리고 재미있게 들려준다. 또, 혜성이나 유성의 진화, 블랙홀 등을 알기 쉽게 설명하고 있다.

천문학에 대하여 폭넓고 깊이 있게 알 수 있도록 구성한 이 책을 통하여 우리 생활 속에서 천문학과 관련된 내용과 천문학의 역사를 한꺼번에 알 수 있다. 살아가면서 필요한 과학적 지식이나 과학적 사고를 배우려는 아이들에게 이 책을 추천한다.

4 이 책을 추천하기에 알맞은 사람은 누구인지 쓰시오.

_____

5 ㉠이 우주를 설명하고 있는 방법으로 알맞은 것은 무엇입니까? ( )

① 친구들과 토론하는 형식으로 설명한다.
② 자세한 설명과 생생한 그림으로 설명한다.
③ 선생님이 수업을 하는 방식으로 설명한다.
④ 과학자와 묻고 답하는 방식으로 설명한다.
⑤ 어머니가 이야기를 들려주는 듯이 설명한다.

독서클리닉

80일 간의 세계 일주

『80일 간의 세계 일주』

80일간 세계 일주는 너무 지루하지 않을까?

80일 간의 세계 일주

01 지도를 펴 봐요

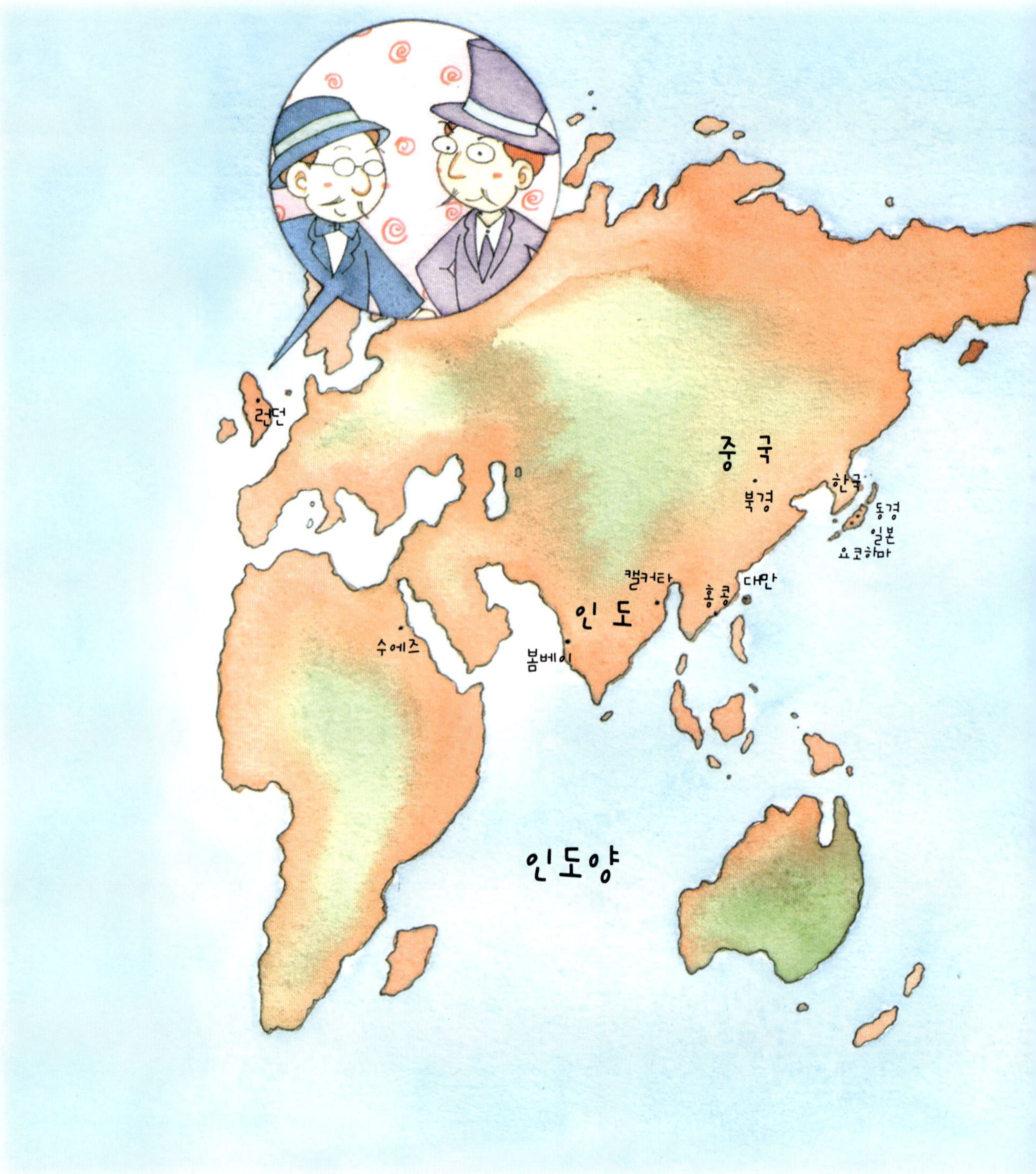

1 포그와 파스투르투가 80일 동안 여행한 곳을 다음 지도에 표시하고 줄로 이어 봅시다.

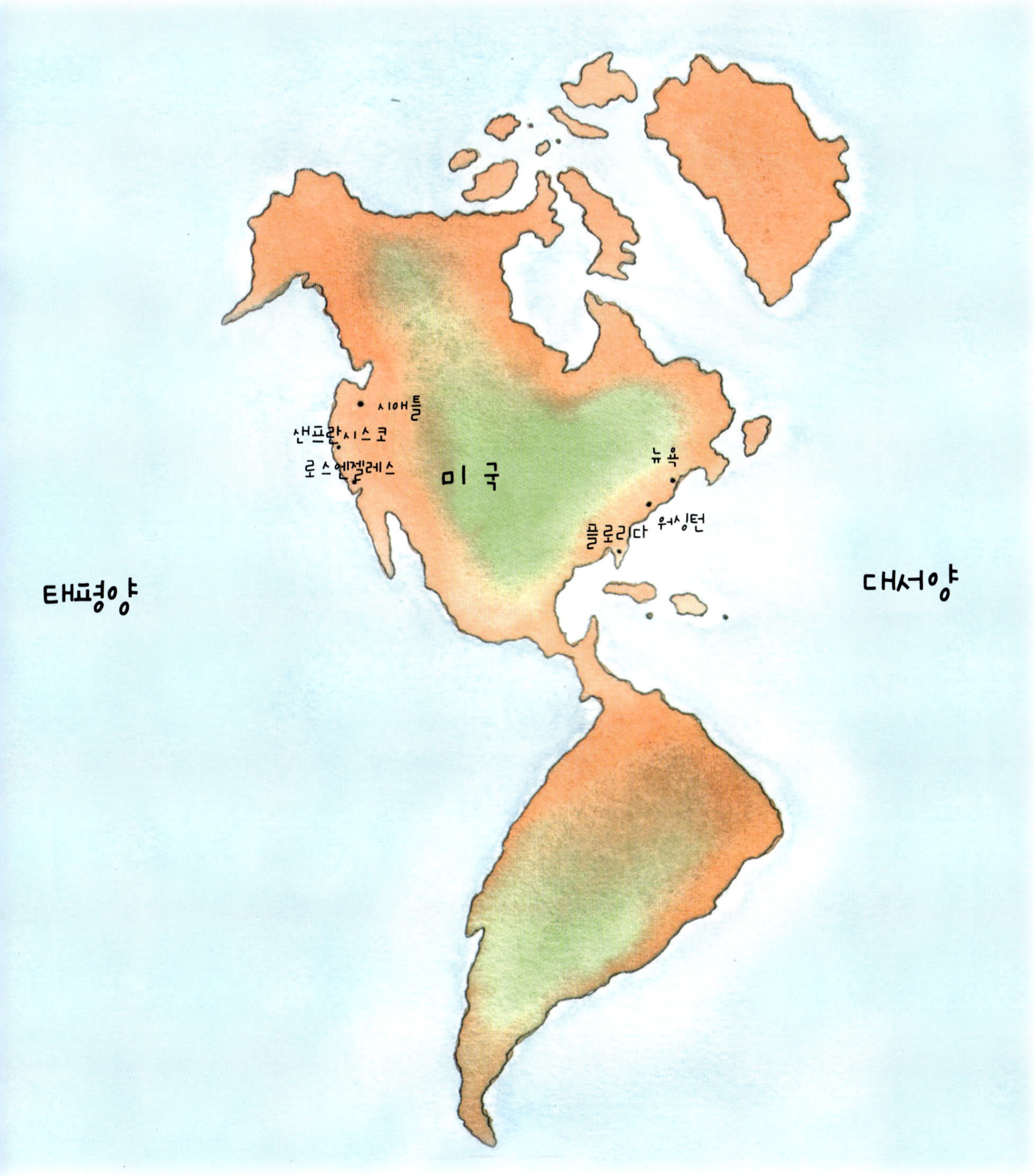
시애틀
샌프란시스코
로스엔젤레스
미국
뉴욕
워싱턴
플로리다
태평양
대서양

02 출발!

* 다음 글을 읽고, 물음에 답하시오.

자! 떠나자

"지구는 많이 좁아졌어. 이젠 세계 일주도 한결 쉬워졌고."

"나는 도무지 이해가 되지 않는데."

"신문에 인도 횡단 철도가 완전히 개통되었다고 하더군. 밀림 속에 있는 그 알라하바드까지 말일세. 이제 세계 일주는 80일이면 되네. 이걸 보게. 신문에서 뽑은 것일세."

포그는 주머니에서 쪽지 하나를 꺼냈습니다.

런던 – 수에즈 : 철도와 정기 여객선 7일
수에즈 – 봄베이 : 정기 여객선 13일
봄베이 – 캘커타 : 철도 3일
캘커타 – 홍콩 : 정기 여객선 13일
홍콩 – 요코하마 : 정기 여객선 6일
요코하마 – 샌프란시스코 : 정기 여객선 22일
샌프란시스코 – 뉴욕 : 철도 7일
뉴욕 – 런던 : 정기 여객선과 철도 9일
합계 : 80일

"정말 그렇군. 하지만 이건 어디까지나 단순한 계산일 뿐이야. 여행 도중에 무슨 일이 벌어질지 어떻게 알겠나."

기사 앤드류 스튜어트는 믿지 못하겠다는 듯이 말했습니다.

"아닐세. 여행할 때 일어날 모든 상황을 감안해도 80일이면 충분해."

포그의 목소리는 확신에 차 있었습니다.

1 예상하지 못한 일이 일어날 수 있으므로 80일로 세계 일주는 불가능하다는 앤드류의 말과 그래도 80일이면 충분하다는 포그의 말 중 누구의 말이 옳다고 생각하는지 쓰고, 그 까닭도 써 봅시다.

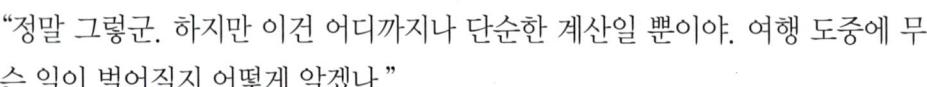

2 내가 만약 세계 일주를 한다면 얼마 정도의 기간이 필요할지 이야기해 봅시다.

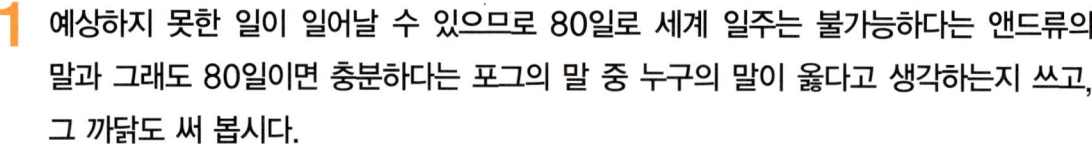

03 아시아에서

* 다음 글을 읽고, 물음에 답하시오.

인도로 가는 길

당시 인도 사원 안에는 기독교인은 절대 들어갈 수가 없었습니다. 그리고 사원 안에 신발을 신은 채 발을 들여놓는다는 것은 상상조차 할 수 없는 일이었습니다.

이런 걸 까맣게 모르는 파스파르투에게 무슨 일이 벌어졌는지는 불을 보듯 뻔했습니다.

그는 몇 걸음 못 가서 서너 명의 승려들에게 붙잡혀 땅바닥에 내동댕이쳐졌습니다. 승려들이 노발대발하면서 파스파르투에게 죽일 듯이 달려들었거든요. 신성한 사원에 기독교인이, 그것도 구둣발로 들어왔으니…….

"감히 우리 사원에 함부로 들어오다니."
"저 녀석이 우리 사원을 모독했다!"

뒤늦게 뭔가 잘못된 것을 안 파스파르투는 정신없이 도망쳤습니다. 어떻게 그 곳을 빠져나왔는지 알 수 없을 정도였습니다.

1 승려들이 파스파르투를 붙잡아 땅바닥에 내동댕이친 까닭은 무엇입니까?

2 다른 나라에 가서 우리나라와 다르고, 내가 잘 모르는 문화에 부딪히게 되었을 때는 어떻게 행동해야 할지 생각해 봅시다.

밀림에서 생긴 일

"제물이지요. 저 여자는 죽은 노인의 부인인데, 내일 아침 불에 타 죽을 겁니다."
안내인이 작은 소리로 말했습니다.
"뭐라고요? 어떻게 그런 일이……."
"㉠이런 의식이 사라진 줄 알았는데, 아직도 은밀하게 벌어지는군요."
"너무 불쌍해요."
파스투르투가 말했습니다.
"그런데 저 여인은 자기가 죽을 줄 알면서 그냥 간단 말이오?"
포그는 고개를 갸웃거렸습니다.
"저 여인은 지금 제 정신이 아닐 거요. 마약에 취해 있으니까. 아마도 노인의 가족들이 그랬겠지요. 정말 야만스런 일이오."
"우리가 저 여자를 구해 줍시다."
포그는 단단히 결심을 한 듯했습니다.

3 ㉠의 이런 의식은 어떤 의식입니까?

---

4 밀림에서 벌어지는 이 의식은 그 나라의 전통적인 풍습일 수도 있습니다. 그런데 포그와 그 일행은 야만스런 일이라고 생각하고 그냥 지나칠 수 없다고 생각했습니다. 포그의 행동에 찬성하는지 반대하는지에 대한 내 의견을 써 봅시다.

---

04 아메리카에서

* 다음 글을 읽고, 물음에 답하시오.

태평양 철도 급행 열차

신대륙을 가로지르는 태평양 철도는 뉴욕까지 7일이 걸립니다. 그리고 12월 11일에 뉴욕에서 영국으로 가는 배를 탈 계획입니다.

기차는 속도가 그리 빠르지 않았습니다. 하지만 시간에 맞춰 뉴욕까지 가는 데는 문제가 될 것 같지 않았습니다.

여행은 따분할 정도로 순조로운 듯했습니다. 창 밖으로 보이는 풍경들이 이런 지루함을 달래 주었습니다. 아직 그 어디서도 보지 못한 넓은 들과 높은 산, 미국은 정말 아름다운 나라였습니다.

가끔 기차가 서곤 했는데, 철로를 가로지르는 들소 떼 때문이었습니다. 수만 마리나 되는 들소들이 철로를 다 지날 때까지 기차는 기다려야 했습니다. 만약 소를 그냥 치고 간다면 기차는 탈선하고 말 테니까요.

기차는 로키 산맥 근처를 지날 때까지 아무 일 없이 잘 달렸습니다. 높은 지대에 오르자 눈발이 날렸지만, 사람들은 걱정하지 않았습니다.

1 영국 사람인 포그와 프랑스 사람인 파스파루투가 미국을 아름다운 나라라고 생각한 까닭은 무엇입니까?

2 여러분이 미국에 가게 된다면 어느 곳을 가 보고 싶은지 쓰고, 또 그 까닭은 무엇인지 이야기 해 봅시다.

대서양을 건너다

12월 11일 또 한 번 포그 일행은 뉴욕 부두에 주저앉아 버렸습니다.

그들은 갖은 고생 끝에 이 곳까지 왔던 것입니다. 인디언의 습격에서 파스파르투를 구한 다음, 기차를 놓치자 포그 일행은 지름길을 택했습니다.

안내자의 도움으로 눈보라 속을 썰매를 타고 왔던 것입니다. 겨우 오마하 역에서 기차를 탈 수 있었고 이렇게 뉴욕까지 달려왔는데, 그만 배를 놓쳐 버린 것입니다. 영국 리버풀로 가는 배는 이미 45분 전에 떠나고 없었습니다.

"내일, 다시 생각해 보세."

필리어스 포그는 이 말만 하고 부두를 떠났습니다. 이번만큼은 그도 실망이 컸던 것입니다.

호텔에서 밤을 보내면서, 그들은 피곤했지만 잠을 이루지 못했습니다.

이튿날 12월 12일. 이제 9일 정도밖에 남지 않았습니다.

포그는 아우다 부인과 파스파투르를 남겨 두고 홀로 부두로 나왔습니다. 그는 배를 구해 볼 작정이었습니다. 하지만 대부분 돛으로 가는 범선뿐이었습니다. 범선으로는 대서양을 건널 수 없었습니다.

3 내가 만약 대서양을 건너 영국으로 가는 배를 놓친 포그라면 이 난관을 어떻게 극복해 나갔을지 생각해 봅시다.

4 시간에 늦어 차를 놓친 경험이 있다면 이야기해 봅시다.

05 도착!

*다음 글을 읽고, 물음에 답하시오.

시간의 비밀

"우리가 하루를 잘못 계산한 거예요. 우리는 정확히 하루를 먼저 도착한 겁니다. 오늘은 토요일이라고요. 이제 딱 10분 남았습니다."

파스파르투는 포그가 말할 기회도 주지 않고, 포그의 손을 잡고 밖으로 달렸습니다. 그리고 마차에 뛰어올랐고, 전속력으로 달린 끝에 시계가 8시 45분을 가리키는 시각에 혁신 클럽에 도착한 것입니다.

결국 필리어스 포그는 80일 간의 세계 일주에 성공한 것입니다.

사실 포그 자신은 세계 일주를 하는 동안 정확히 하루를 벌었습니다. 왜냐 하면 동쪽으로 여행을 시작했기 때문이지요. 동쪽으로 가면, 1도씩 지날 때마다 4분이란 시간이 줄어듭니다. 그래서 360도 한 바퀴를 돌면 24시간이 줄어드는 것이지요.

포그 자신도 이것만큼은 생각도 못한 거예요.

1 80일 간의 세계 일주를 성공할 수 있었던 열쇠가 된 것은 무엇입니까?

2 만약 80일 간의 세계 일주에 실패했다면 포그는 어떻게 되었을까요?

3 내가 만약 80일 동안 세계 여행을 한다면 어디를 가고 싶은지 생각해 봅시다.

여행을 떠나요

✽ 가 보고 싶은 곳을 정해서 여행 계획서를 작성해 봅시다.

여행 기간	
여행지	
여행하는 사람	
준비물	
예상 경로	
여행의 목적 및 주의 깊게 볼 것	
다녀온 느낌	

교과서 논술 02

우리가 사는 세상

『듣기·말하기·쓰기』·『읽기』_ 5. 우리가 사는 세상

모두가 잘 사는 세상을 만들어 볼까?

01 발표할 때에 주의할 점을 생각해 봐요

듣기 말하기 쓰기   교과서 89~91쪽 | 학습 목표 : 발표 상황에 알맞는 발표 방법을 알 수 있다.

김수영 : (점점 더 작아지는 목소리로) 저는 지금 왜 공부를 해야 하는 건지 모르겠어요…….

사회자 : 김수영 학생, 우리 반 친구들이 모두 들을 수 있게 조금만 더 큰 목소리로 발표해 주시기 바랍니다.

김수영 : 공부는 제가 진짜 하고 싶을 때 하면 된다고 생각합니다. 이렇게 날마다 해야 되는 까닭을 모르겠어요.

사회자 : 잘 들었습니다. 김민정 학생, 발표해 주시기 바랍니다.

김민정 : 옛날, 공자의 제자가 스승에게 물었습니다. "왜 힘든 공부를 해야 하나요?" 공자가 대답하였습니다. "공부는 태평할 때 군인이 칼을 가는 것과 같다. 태평할 때 칼을 갈아 두지 않으면 갑자기 적군이 쳐들어온 뒤에 칼을 갈 수는 없다. 농기구를 미리 준비하면 봄에 삽과 괭이로 논밭을 갈아 씨앗을 뿌리고 김을 매고 낫으로 곡식을 거두어 큰 풍작을 맞을 수 있다."라고 하였습니다.

김대성 : (어디선가 말을 끊으며) 에이, 재미없어. 수영이 말은 들리지도 않고 민정이는 무슨 소리를 하는 건지. 축구 이야기나 하지…….

주성길 : 그러게 말이야. 민정이는 항상 어려운 말로만 이야기해. 그렇지? 나도 별 관심 없어.

사회자 : 김대성, 김성길 학생, 발표에 집중해 주시기 바랍니다. 손예지 학생, 발표하십시오.

손예지 : 김민정 학생의 말은 공부는 농부가 농사철이 돌아오기 전에 우물을 파고 둑을 쌓고 농기구를 마련하는 것과 같이 미리 준비하는 것이라는 말입니다.

사회자 : 잘 들었습니다. 김찬주 학생, 발표해 주십시오.

김찬주 : 손예지 학생 말처럼 저도 공부에는 때가 있다고 생각합니다. 우리가 어려서 기회를 놓치면 후회할 것 같습니다.

사회자 : 네, 여러분의 발표처럼 지금 우리가 공부하는 것은 자신이 이루고자 하는 꿈을 위하여 미리 준비하는 과정인 것 같습니다. 앞으로 닥칠 세상살이에 미리 슬기롭게 대처하는 것이라고 생각합니다. 조금 귀찮아도 꾸준히 노력해야겠습니다.

1 발표할 때 주의해야 할 점으로 알맞는 것에 ◯표를 하시오.

(1) 발표 장소와 방법을 생각한다. ( )
(2) 말하는이와 듣는이의 관계를 생각한다. ( )
(3) 발표 당시 떠오르는 주제를 골라 발표한다. ( )
(4) 발표 주제에 따른 발표 내용이 알맞은지 확인한다. ( )
(5) 과장된 몸짓과 표정을 통해 인상적으로 내용을 전달한다. ( )
(6) 발표는 무조건 짧게 하여 듣는이가 집중해서 들을 수 있게 한다. ( )

2 이 발표에서 민정이가 잘한 점은 무엇인지 쓰시오.

_____

3 토의의 내용으로 미루어 볼 때, 토의의 주제는 무엇인지 쓰시오.

_____

4 사회자가 김대성과 주성길에게 주의를 준 까닭은 무엇입니까? ( )

① 사회자의 말을 방해해서
② 발표에 집중하지 않아서
③ 자기들 의견만 주장해서
④ 높임말을 사용하지 않아서
⑤ 주제에 어긋난 발표를 해서

우리 조상들의 재활용 지혜

우리 조상들은 자연의 순리를 거스르는 것은 천벌을 받을 행위로 알아 왔다. 그래서 자연을 파괴한다든지 환경 오염을 시킨다든지 하는 행위들은 보통 사람들은 상상도 할 수 없는 일이었다. 모든 자원을 아껴 쓰고 재활용하며 자연의 순리대로 흙에서 얻은 것은 다시 흙으로 순환시키는 삶을 살아온 것이다. 그렇기 때문에 쓰레기라는 것이 있을 수가 없었다. 재나 분료는 모두 거름으로 쓰이고, 음식 찌꺼기는 사료로 쓰거나 퇴비로 만들었다.

조상들은 재를 함부로 버리는 사람은 곤장 30대를 맞아야 하고, 똥을 아무데나 버리는 사람은 곤장 50대를 맞아야 한다고 했다. 즉, 재나 똥은 논이나 밭에 넣으면 좋은 거름이 되는데, 그것을 함부로 아무데나 버리고 오염시키는 행위를 큰 죄악으로 본 것이다. 또한 호미나 괭이는 오래 써서 끝이 뭉툭하게 되면 대장간에 가서 쇠를 덧대어 다시 만들어 썼으며, 놋그릇은 깨지면 깨진 것을 모아 그것을 녹여 새로운 그릇으로 만들어 썼다. 장롱은 할아버지로부터 손자에게까지 대물림하며 썼으니 쓰레기가 생길 수가 없었다.

냇가에서 자동차를 닦거나 길 옆에 자기 집 쓰레기를 버린다던가 쓰레기 봉투 값이 아까워 남의 집 대문 앞에 슬쩍 갖다 놓는 행위, 그리고 야외에 놀러 가서 자기가 남긴 쓰레기를 풀숲이나 바위틈에 던져 놓고 오는 사람들이 있는데, 이들은 모두 스스로 뉘우치고 ㉠조상들의 정신을 본받아야 한다.

오늘날에는 석유를 이용하여 무엇이든지 많이 만들어 낼 수 있지만 옛날에는 벼를 수확한 후 볏짚으로 도롱이라는 비옷 또는 모자, 신발, 멍석 등의 생활 용품을 만들었다. 조상들은 항상 아껴 쓰고 귀하게 여기며, 낭비하지 않는 검소한 생활을 해 왔던 것이다.

1 오늘날 우리가 반성해야 할 것으로 무엇이 있는지 간략하게 쓰시오.

_____

2 다음 중, ㉠과 거리가 먼 것은 무엇입니까? ( )

① 검소한 생활을 하는 것 ② 환경을 오염시키지 않는 것
③ 이웃과 사이좋게 지내는 것 ④ 자연의 순리를 거스르지 않는 것
⑤ 자원을 아껴 쓰고 재활용하는 것

02 사건이 일어난 당시의 현실을 생각하며 글을 읽어 봐요

> 읽기 | 교과서 94~98쪽 | 학습 목표 : 글의 내용과 사건의 의미를 당시의 현실과 관련지어 이해할 수 있다.

(가) 고려 고종 때인 1231년 8월, 몽골의 살리타는 압록강을 건너 고려로 침입하여 왔다. 이때, 고려는 60년 동안이나 무신이 정권을 잡고 있었고, 관리들은 온갖 부정부패와 백성이 가진 것을 강제로 빼앗는 일을 계속하여 백성의 삶은 궁핍할 대로 궁핍하였다. 이러한 상황에서 몽골군까지 침입하여 고려는 ㉠ 같은 신세이었다.

(나) 백성과 관군은 몽골군에 맞서 눈물겨운 싸움을 해 나갔지만, 1232년 6월에 ㉡고려 조정은 강화도로 도읍을 옮기지 않을 수 없었다. 주로 초원에서 생활하는 몽골군과 맞서 싸우기에는 바다로 둘러싸인 섬이 더 유리하기 때문이었다. 백성이 목숨을 걸고 저항하였지만, 몽골군의 침입은 30년이나 계속되었다. 그 과정에서 팔공산 부인사에 보관되어 있던 대장경을 몽골군이 불태우는 슬픔을 겪어야 하였다.

1 ㉠에 들어가기에 알맞은 속담은 무엇입니까? ( )

① 긁어 부스럼
② 개밥에 도토리
③ 우물 안 개구리
④ 바람 앞의 등불
⑤ 가는 날이 장날

2 ㉡의 까닭은 무엇 때문인지 쓰시오.

_____

_____

고려는 대부분의 백성이 마음에 부처님을 모시고 살아가고 있었기 때문에 몽골군에 의하여 재로 변한 대장경은 고려 백성을 절망과 분노에 빠뜨렸다. 그래서 고종은 국난 극복을 소원하는 뜻에서 이미 불타 버린 대장경을 복원하기로 하였다. 대장경 제작을 시작할 때, 시인 이규보는 대장경 사업의 간절한 뜻을 부처님께 아뢰었다.

"거란군이 침입했을 때 대장경을 새겼더니 스스로 물러났습니다. 몽골의 잔인함과 야만이 극에 달한 지금, 새로운 대장경을 새기려고 합니다. 부디 신통력을 발휘하여 몽골군의 침입을 물리치고 나라를 평안하게 해 주십시오."

또, 수기 대사는 대장경 판각에 참여하는 승려와 글씨를 쓰는 사람, 조각하는 사람, 나무를 베어 널빤지를 만드는 사람을 감독하고 격려하였다. 그리고 부처님에 대한 믿음을 외쳐 백성에게 감동과 용기를 주었다.

"백성이 두터운 불심으로 뭉치고 용기를 얻어 적과 맞서 싸워 이겼을 때에 비로소 불력은 국력이 되는 것이다. 나라가 작고 국력이 약하여 끊임없이 고난을 겪어 오는 땅이지만, 저들과 같은 백성이 있는 한 이 땅은 없어지지 않으리라. 저들이 지닌 신념과 열매를 맺고 다시 퍼져 뿌리를 내리는 동안에 이 땅은 반드시 번영하리라."

고려 백성은 전쟁 속에서도 오로지 대장경을 완성하여 몽골군의 침입을 물리치겠다는 마음으로 어떤 어려움도 마다하지 않았다. 힘들고 어려운 일이 계속되어 몸은 비록 병들었지만 불심으로 나라를 구하겠다는 의지가 무척 강하였다.

3 불타 버린 대장경을 복원하기로 한 까닭이 <u>아닌</u> 것은 무엇입니까? ( )

① 몽골군의 침입을 물리치기 위해서
② 대장경에 적을 물리치는 비법이 적혀 있어서
③ 백성들에게 용기를 주어 적과 맞서 싸우기 위해
④ 절망과 분노에 빠진 백성들에게 힘을 주기 위해
⑤ 부처에 대한 믿음으로 백성들의 마음을 모으기 위해

4 당시의 현실에 대한 설명으로 알맞지 <u>않은</u> 것은 무엇입니까? ( )

① 몽골군에 이어 거란군의 침입이 계속 되었다.
② 대장경이 불타 버리자 백성들은 절망과 분노에 휩싸였다.
③ 대부분의 백성들은 마음에 부처를 모시고 살아가고 있었다.
④ 나라를 구하겠다는 생각으로 대장경을 복원하기로 결정했다.
⑤ 전쟁 속에서도 불심으로 나라를 구하겠다는 백성들의 의지가 강했다.

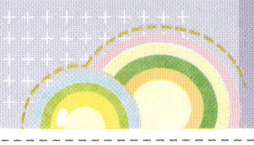

석굴암

　석굴암은 신라 경덕왕 때 재상이었던 김대성이 창건하기 시작하여 신라 혜공왕 때 완공하였으며, 건립 당시의 명칭은 석불사로 불렸다.

　석굴암의 석굴은 백색의 화강암을 사용하여 토함산 중턱에 인공으로 석굴을 만들고, 그 내부 공간에는 석가여래불상을 중심으로 그 주변 벽에 보살상 및 제자상 등 총 39체의 불상을 조각하였다.

　석굴암의 석굴은 장방형으로 연결되어 360여 개의 판석으로 천장 등을 교묘하게 구축했는데, 그러한 건축 기법은 세계에서 찾아볼 수 없는 방법이다. 특히, 주 실내에 봉안되어 있는 본존불과 석가여래불은 가늘게 뜬 눈, 온화한 눈썹, 미간에 서려 있는 슬기로움, 금방이라도 말할 듯한 입과 코, 길게 늘어진 귀 등 그 모든 것이 내면에 깊은 숭고한 마음을 간직하도록 조성된 것으로, 세계에서도 가장 이상적인 미를 대표하고 있는 불상이다.

　석굴암은 치밀한 계획하에 만들어졌는데, 건축 구조와 배치에서 단순하지 않다는 것을 충분히 이해할 수 있다. 석굴암과 함께 동해의 대왕암은 일본의 침략에 대한 수호와 신라 왕조의 안녕을 비는 뜻에서 세우게 되었다고 한다. 그런데 대왕암의 위치는 석굴에서 정확하게 바라보는 시점에서 왼쪽으로 약 0.9도 정도 차이가 나도록 만들어져 있다.

1 동해의 대왕암과 석굴암을 세운 까닭은 무엇입니까?

2 석굴암에 대한 설명으로 알맞지 <u>않은</u> 것은 무엇입니까?　　　(　　　)

① 건립 당시와 지금의 명칭이 다르다.
② 과학적으로 치밀한 계획하에 만들어졌다.
③ 세계에서 찾아볼 수 없는 건축 기법을 사용했다.
④ 자연적으로 이루어진 석굴에 불상을 조각하였다.
⑤ 석굴암의 불상은 세계에서도 가장 이상적인 미를 대표한다.

03 당시의 현실과 사건의 관련성을 파악해 봐요

읽기 | 교과서 99~103쪽 | 학습 목표 : 당시의 현실과 관련지어 사건의 의미를 알 수 있다.

(가) 참정권은 나라의 대표자를 뽑거나 중요한 일을 결정하는 국민의 의무이자 소중한 권리입니다. 우리나라 국민은 만 열아홉 살이 되면 누구나 공평하게 선거나 투표에 참여하는 참정권을 가집니다. 한 나라의 국민이라면 누구나 누려야 하는 권리 중의 하나가 참정권입니다.

(나) 처음 영국에서는 세금을 낼 수 있는 재산을 가진 남성만이 참정권을 가지고 있었습니다. 그러다가 재산이 적거나 없는 남성에게도 점차 참정권이 주어졌습니다. 하지만, 여성에게는 여전히 참정권이 주어지지 않았습니다. 많은 사람이 여성은 오로지 아내와 어머니의 역할만 충실히 하면 된다고 생각하였습니다. 대부분 ㉠이러한 생각을 하던 시대에 여성에게도 법적으로 동등한 권리를 주어야 한다고 주장하는 사람이 있었습니다. 바로 메리 울스턴크래프트입니다.

(다) 그러나 그 당시에는 여성들이 그들의 의견을 대신하여 줄 정치 대표자를 뽑는 일에 참여하는 권리를 가져야 한다는 것은 받아들이기 어려운 주장이었습니다. ㉡수많은 남성이 그에게 비난을 하였습니다. 하지만, 메리 울스턴크래프트는 굴하지 않고 자신의 주장을 펴 나갔습니다. 그러자 그의 뜻을 따르는 후배 여성들이 생겨나기 시작하였습니다. 이들은 여성의 참정권을 얻기 위하여 1903년 '여성사회정치연합' 이라는 단체를 만들었습니다.

　여성사회정치연합 회원들은 ㉢_____ 존경받을 수 있다고 생각하였습니다. 그래서 이들은 사람들이 모이는 곳이면 어디든지 찾아가 여성에게도 참정권이 필요한 까닭을 설명하고 설득하였습니다.

(라) 이렇게 많은 여성이 힘을 합하여 노력한 결과, 마침내 여성에게도 참정권이 주어졌습니다. 그러나 ㉣그것은 완전한 것이 아니었습니다. 남성은 스물한 살이 되면 누구나 참정권을 가지지만 여성은 서른 살이 되어야 선거에 참여할 수 있도록 하였기 때문입니다. 여성들은 또다시 참정권 운동을 계속하였고, 1928년에 비로소 영국 여성에게도 남성과 평등한 참정권이 주어졌습니다.

1 참정권이 무엇인지 찾아 쓰시오.

2 메리 울스턴크래프트의 주장으로 알맞은 것은 무엇입니까? ( )

① 남성이 여성을 보호하게 하라.
② 여성에게도 참정권을 부여하라.
③ 여성의 권리를 남성이 찾아 주라.
④ 여성에게도 정치 활동을 하게 하라.
⑤ 여성과 남성의 일을 구분하지 마라.

3 ㉠은 어떤 생각인지 찾아 쓰시오.

_____

4 ㉡의 까닭을 찾아 쓰시오.

_____

5 ㉢에 들어갈 말로 가장 알맞은 것은 무엇입니까? ( )

① 여성과 남성이 서로 이해하고 아껴줄 때
② 여성도 남성과 같이 동등한 권리를 가질 때
③ 여성들이 아내와 어머니의 역할에 충실할 때
④ 여성이 남성보다 더욱 많은 교육을 받게 될 때
⑤ 여성이 남성보다 사회 생활에 기여를 많이 할 때

6 ㉣의 까닭은 무엇인지 쓰시오.

_____

여성의 지위가 낮았던 이유

먼 옛날 수렵과 채집 등의 방법으로 먹고 살 때는 식량이 일정치 않고 번번히 굶기가 일쑤였다. 이런 상황에서는 남성의 지위가 낮을 수밖에 없었고, 자식을 낳는 여성의 지위는 높아지게 되어 어머니를 중심으로 자식들이 모이게 되는 모계 사회가 형성되었다. 그런데 이러한 모계 사회가 신석기 혁명, 즉 농업 혁명에 이르러 판도가 바뀌게 된다. 남성은 농사일을 하여 식량을 안정적으로 전달하게 되고, 여성은 집안일을 하게 된 것이다. 이렇게 되어 남성은 가정의 생계를 책임지는 역할을 맡게 되고, 여성의 역할은 그 비중이 점차 줄어들게 된다. 생계를 책임지는 아버지가 존재하게 됨으로써 강한 남성이 여성과 아이들을 이끌게 되는 가부장 사회가 된다. 청동기가 되면서 우수한 청동 무기를 소유하고 힘을 가진 족장이 권력을 가지게 됨에 따라 신분이 생기면서 여성은 더욱 권력에서 멀어져 가게 된 것이다.

우리나라의 경우 여성에 대한 차별은 조선 시대에 와서 더욱 심해지는데, 나라에서 과부의 재혼을 법으로 금지하고, 여성들이 외출하는 것을 좋지 않게 보았다. 그런데 고려 시대나 조선 초까지만 하더라도 여성의 외출은 비교적 자유로웠고, 특히 부모가 자식에게 재산을 물려 줄 때에도 남녀를 차별하지 않고 똑같이 나누어 주었다. 그러나 조선이 건국되고 숭유억불(유교는 숭상하고, 불교는 억누른다) 정책이 시행됨에 따라 유교가 뿌리 깊게 생활 속에 퍼짐에 따라 여성들은 재산을 나눠줄 때 차별받고 제사에도 참여하지 못했다.

1 여성의 지위가 낮았던 까닭이 아닌 것은 무엇입니까? ( )

① 유교 사상의 등장   ② 모계 사회의 형성
③ 남성의 역할 증가   ④ 농업 혁명의 전개
⑤ 가부장 사회로의 변화

2 조선 시대 여성이 차별받았던 예를 두 가지 이상 찾아 쓰시오.

_____

_____

개화와 국권 상실, 그리고 독립운동

『사회』_ 2. 새로운 문물의 수용과 자주 독립

나라의 힘을 키우는 게 정말 중요해!

윤봉길 의사에 대해 알고 있나요?

외세의 침략과 조선의 개항

사회 | 교과서 48~95쪽 | 학습 목표 : 외세의 침략과 나라의 독립을 지키기 위한 조상들의 노력을 알 수 있다.

외세의 침입과 조선의 대항

✽ 병인양요와 신미양요

병인양요 (1866년)	• 프랑스 선교사 및 천주교 신자의 처벌로 인해 일어남 • 프랑스군이 강화도를 침략함 • 프랑스군은 강화도를 점령하고 약탈을 일삼음 • 양헌수 장군의 조선군이 프랑스군을 몰아냄
신미양요 (1871년)	• 미국 상선의 통상 요구에 대해 조선 사신이 거부함 • 미국 상선이 조선 사신을 가두고 포를 쏘며 행패를 부림 • 조선 백성들이 분노해 미국 상선을 불태움 • 몇 년 뒤 미국이 군함을 보내 강화도를 공격함 • 어재연 장군을 비롯한 조선군이 목숨을 걸고 미국 군대에 맞서 싸움 • 미국 군대에 의해 조선이 많은 피해를 입음

1 병인양요와 신미양요는 각각 조선이 어느 나라와 맞서 싸운 것인지 쓰시오.

(1) 병인양요 : _____

(2) 신미양요 : _____

2 병인양요와 신미양요에 대한 설명으로 알맞지 않은 것은 어느 것입니까? (   )

① 두 사건 모두 강화도와 관련이 있다.
② 두 사건 모두 조선군이 대항하였다.
③ 병인양요는 프랑스 선교사의 죽음이 원인이었다.
④ 신미양요는 미국 상선의 통상 요구가 원인이었다.
⑤ 두 사건 모두 조선이 결국 통상 요구를 받아들였다.

* 다음 표를 보고, 물음에 답하시오.

＊운요호 사건과 강화도 조약

운요호 사건	• 일본이 운요호라는 군함을 보내어 조선군을 자극함 • 조선군의 경고 대포에 일본군이 대포를 쏘아 많은 피해를 입힘
강화도 조약	• 운요호 사건을 빌미로 일본은 조선에 통상 조약을 맺을 것을 요구함 • 조선의 많은 사람이 교류 반대를 주장함 • 결국 두 나라 대표가 강화도에 모여 조약을 맺음 • 조선이 근대 들어 외국과 맺은 첫 조약임 • 조선의 권리는 나타나 있지 않고 일본에 유리한 내용이 많이 담긴 불평등 조약임

3 강화도 조약에 대한 설명으로 알맞지 <u>않은</u> 것은 어느 것입니까? ( )

① 운요호 사건을 빌미로 한 사건이다.
② 조선과 일본 두 나라의 권리가 나타나 있다.
③ 두 나라 대표가 강화도에 모여 맺은 조약이다.
④ 조선이 근대 들어 처음 외국과 맺은 조약이다.
⑤ 일본이 조선에 통상 조약을 맺을 것을 제의한 것이다.

4 일본이 운요호 사건을 일으킨 이유는 무엇일지 추측하여 쓰시오.

_____

※ 다음 표를 보고, 물음에 답하시오.

✽개화에 대한 찬성과 반대

임오군란 (1882년)	• 신식 군대인 별기군을 양성함 • 좋은 대우를 받은 신식 군인에 비해 구식 군인은 1년 이상 쌀 배급을 받지 못함 • 구식 군인에게 겨와 모래가 섞인 쌀을 지급하려 함 • 분노한 구식 군인들이 난을 일으킴 • 구식 군인들이 포도청과 의금부를 습격하고 일본 공사관으로 쳐들어감 • 일본인들이 인천을 통해 일본으로 도망감 • ㉠ 청나라 군대에 의해 난이 진압됨
갑신정변 (1884년)	• 김옥균을 비롯한 개화파들이 시도한 개혁임 • 개화파들이 일본의 힘을 빌려 자신들의 주장을 이루고자 함 • 우정국 개국 축하 잔치를 틈타 정변을 일으킴 • 청나라 세력을 몰아내고 사회 제도를 고치기 위한 정책을 발표함 • 청나라 군대가 반격하고 일본이 약속을 저버려 3일 만에 실패로 끝남

5 임오군란과 관련이 있는 신식 군대의 이름은 무엇인지 쓰시오.

_____

6 임오군란과 갑신정변은 각각 누가 일으킨 것인지 쓰시오.

(1) 임오군란 : _____

(2) 갑신정변 : _____

7 임오군란이 ㉠과 같이 끝남으로써 생겼을 일로 알맞은 것은 무엇입니까? (답 2개)

(,)

① 조선이 개화를 이루어 냈을 것이다.
② 조선의 자주권이 위협받게 되었을 것이다.
③ 조선이 일본의 지배를 받게 되었을 것이다.
④ 조선이 자주적인 근대화를 이룩했을 것이다.
⑤ 조선이 청나라의 간섭을 받게 되었을 것이다.

✱ 다음 표를 보고, 물음에 답하시오.

> **✱동학 농민 운동**
>
> - 동학은 조선 후기 탐관오리들의 횡포로 생활이 어려워진 농민들을 통해 퍼져 나감
> - 전라도 지방에서 농민들에 대한 수탈이 심하여 동학 교도들과 농민들이 전봉준을 지도자로 하여 봉기함
> - 조선 조정에서 동학 농민군을 진압하기 위해 청나라에 구원병을 요청하자 일본도 군대를 파견함
> - 동학 농민군이 청군과 일본군의 철수를 주장하며 스스로 해산함
> - 청과 일본은 철수하지 않고 한반도 안에서 싸움을 벌임(청·일 전쟁)
> - 일본이 청나라와의 전쟁에서 승리하고 조선의 정치에 간섭함
> - 동학 농민군이 다시 일어남
> - 동학 농민군은 일본군과 치열한 싸움을 벌이지만 결국 패함
> - 동학 농민군의 뜻은 의병 항쟁으로 이어짐

8 동학이 농민들의 마음을 움직인 까닭은 무엇인지 쓰시오.

___

9 동학 농민군의 지도자는 누구인지 쓰시오.

___

10 조선의 조정에서 청나라에 구원병을 요청한 것을 통해 알 수 있는 내용으로 알맞은 것은 무엇입니까? ( )

① 조선 군대의 힘이 약했다.
② 동학 농민군을 보호하려 했다.
③ 조선 조정은 청나라와 일본이 싸우길 바랐다.
④ 동학 농민군이 청나라 군대를 물리치길 바랐다.
⑤ 조선 조정은 전라도 농민들을 차별 대우하였다.

✻ 다음 표를 보고, 물음에 답하시오.

✻국권의 상실

을사조약 (1905년)	• 을사조약의 체결로 외교권을 빼앗김 • 고종 황제가 만국 평화 회의가 열리는 네덜란드 헤이그로 특사를 파견하여 을사조약이 무효임을 국제 사회에 알리려 함 • 일제는 고종 황제를 퇴위시키고, 대한 제국 군대를 해산함
국권 상실 (1910년)	• 일제는 사법권과 경찰권마저 빼앗음 • 일제는 이완용 등의 친일 내각을 앞세워 국권을 강제로 빼앗음

✻독립운동의 전개

항일 의병 운동	• 군대 해산 이후 일부 군인이 참여하여 전투력이 강화되고 조직적인 활동을 전개함 • 뛰어난 작전과 자기 고장의 지리를 잘 활용하여 일본군에 타격을 줌
안중근 의사 의거	• 우리나라 침략에 앞장섰던 이토 히로부미를 하얼빈에서 사살함
3·1 운동	• 민족 자결주의와 일본 유학생들의 2·8 독립 선언의 영향을 받음 • 1919년 3월 1일, 독립 만세 운동을 벌임
무장 독립운동	• 홍범도 장군과 김좌진 장군이 이끄는 독립군 부대가 크게 활약함 • 홍범도 : 봉오동 전투 • 김좌진 : 청산리 대첩

11 일제가 우리나라의 외교권을 빼앗아간 조약은 무엇인지 쓰시오.

12 우리나라가 일제에 국권을 빼앗긴 해는 언제인지 쓰시오.

13 항일 의병의 전투력이 강화된 것은 무엇 때문인지 쓰시오.

14 안중근 의사가 이토 히로부미를 사살한 까닭은 무엇인지 쓰시오.

01 을사조약의 체결

* 다음 글을 읽고 물음에 답하시오.

> 1905년 일제의 이토 히로부미는 대한 제국과 을사조약을 체결하기 위해 조선에 파견되었다. 그는 당시 대한 제국의 황제였던 고종을 만나 조약 체결을 강요하였다. 다음은 고종과 이토 히로부미 간의 대화이다.
>
> 이토 히로부미 : 보호 조약을 승인하면 조선과 일본 두 나라만이 아니라 동양의 평화가 영원히 유지될 것입니다. 그러니 빨리 승인해 주십시오.
>
> 고종 : 이 조약을 승인하면 나라가 망할 것이 분명하다. 짐은 나라를 위해 죽을지언정 이 조약을 절대로 허가할 수 없다.
>
> 이토 히로부미 : 승인을 하든 거부를 하든 그것은 폐하가 결정하실 일입니다. 그러나 거부하면 대한 제국은 조약을 체결하는 것보다 훨씬 곤란한 상황에 빠지는 것을 각오해야 할 것입니다.
>
> 이렇게 이토 히로부미가 조약 체결을 강요하자, 고종은 "이것은 매우 중대한 일이므로 정부 대신들과 의논하여 조처하라."며 승인을 거부했다. 하지만 일제는 고종의 거부에도 불구하고 을사조약을 체결하여 대한 제국의 외교권을 뺏는다.

1 대한 제국의 황제와 을사조약을 맺기 위해 조선에 파견된 일본 사람은 각각 누구인지 쓰시오.

　(1) 대한 제국의 황제 : _대한 제국의 황제_

　(2) 조선에 파견된 일본 사람 : _조선에 파견된 일본 사람_

2 일제가 을사조약을 승인해 달라는 까닭으로 제시한 것은 무엇인지 쓰시오.

3 을사조약을 맺을 것을 강요하는 일제에 대해 고종은 어떻게 대응했는지 쓰시오.

02 윤봉길·이봉창 열사의 의거

* 다음 글을 읽고 물음에 답하시오.

⇧ 윤봉길

⇧ 이봉창

1931년 말 이봉창 의사는 일본인으로 가장하고 일본 국왕을 암살하기 위하여 도쿄로 비밀리에 들어갔다. 그리고 때를 엿보던 이봉창 의사는 1932년 1월 8일 일본 국왕이 동경 교외에서 군대를 살피고 궁으로 돌아가는 도중에 수류탄을 던졌다. 하지만 일본 국왕이 탄 마차가 뒤집어지고, 말은 다쳤지만, 국왕은 다치지 않았다. 이 사건으로 이봉창 의사는 사형당하고 만다. 그러나 비록 실패로 돌아갔지만, 이 의사의 장거는 세계를 놀라게 했다. 일본 제국주의가 신격화해 놓은 일본 국왕의 행차에, 그것도 일본의 수도인 도쿄에서 폭탄을 던져 타격을 가하려 했던 일은 독립 운동의 강인성과 한국민의 지속적인 저항성을 세계에 과시했던 것이다. 또한 중국 상하이에 있던 우리나라의 임시정부와 독립 운동에 새로운 활력소가 되었다.

한편 1932년 4월 29일 중국 상하이 훙커우 공원에서는 일본군이 상해사변에서 승리한 것과 일본 국왕의 생일인 천장절을 기념하기 위해 축하식을 거행하였다. 이때 윤봉길 의사는 식이 거행되는 중에 단상에 폭탄을 던졌다. 그로 인해 조선 침략을 지휘하였던 일본 군인과 외교관 7명이 그 자리에서 사망하거나 큰 부상을 당하였다. 윤봉길 의사 역시 그 자리에서 잡혀 처형당하였으나, 그의 거사는 전 세계의 이목을 집중시켰다.

1 이봉창 의사와 윤봉길 의사가 자신의 목숨을 걸고서까지 의거를 일으켜 알리고자 한 것은 무엇일지 생각해서 쓰시오.

---

2 이봉창 의사와 윤봉길 의사의 의거가 지닌 의미로 알맞지 <u>않은</u> 것은 무엇입니까? (   )

① 독립 운동에 활력소가 되었다.   ② 폭탄의 위력을 보여 주었다.
③ 전 세계의 이목을 집중시켰다.   ④ 독립 운동의 강인성을 보여 주었다.
⑤ 한국 사람들의 일제에 대한 저항을 과시했다.

03 3·1운동

* 다음 글을 읽고 물음에 답하시오.

> 1919년 3월 1일 민족 대표 33명이 서울의 태화관이라는 중국음식점에서 모여 독립 선언식을 하였다. 학생과 시민들은 탑골 공원에서 독립 선언식을 하고 독립 만세를 외치며 시가지로 뛰쳐나가 독립 만세 시위를 벌였다. 이 시위에는 수십만 명이 참여하였다.
>
> 평양, 의주, 원산 등 지방에서도 서울과 같은 날에 시위가 일어났다. 서울과 지방에서 동시에 시위가 일어날 수 있었던 것은 종교 조직을 통하여 사전 준비가 철저히 되었기 때문이다. 시위는 전국에서 5월 말까지 계속되었다.
>
> 3·1 운동이 일어나자 일제는 처음에는 조선 내의 군대와 경찰력만으로 시위를 막았다가 시위가 전국적으로 퍼지자 일본의 2개 사단의 병력을 불러 무력으로 운동을 진압하였다. 평화적인 만세 운동에 대하여 일제가 무차별 사격을 가하자 거리는 순식간에 피로 물들었고, 이에 분노한 시위 군중들은 군청, 면사무소, 헌병 경찰 주재소 등을 습격, 파괴하기에 이른다. 당초 폭력을 쓰지 않기로 했던 3·1 운동이 일제의 무력 탄압으로 무력적인 저항으로 바뀐 것이다.

1 3·1 운동에 대한 내용으로 알맞지 <u>않은</u> 것은 무엇입니까? (   )

① 3월 한 달 동안만 계속되었다.
② 일제는 무력으로 운동을 진압하였다.
③ 당초에서는 폭력을 사용하지 않기로 했다.
④ 민족 대표는 태화관에서 독립 선언식을 하였다.
⑤ 학생과 시민들이 독립 선언식을 한 곳은 탑골 공원이다.

2 3·1 운동이 서울과 지방에서 동시에 시위가 일어날 수 있었던 까닭은 무엇인지 쓰시오.

___

3 3·1 운동이 처음에는 평화롭게 진행되다가 일제에 대한 무력적인 저항으로 바뀐 까닭은 무엇인지 쓰시오.

___

깊은 생각 바른 판단

『듣기 · 말하기 · 쓰기』· 『읽기』_ 6. 깊은 생각 바른 판단

너무 깊이 생각했나?
아리송하네~

01 주장에 알맞은 근거 마련하기

듣기 말하기 쓰기 교과서 108~109쪽 | 학습 목표 : 의견을 나타내는 글을 쓸 때에 주의할 점을 알 수 있다.

공사를 멈추어 주세요

우리 학교는 아파트로 둘러싸여 있어요. 사방을 둘러보아도 보이는 것은 높은 건물과 아파트뿐이에요. 하늘을 찌를 듯한 아파트와 아파트 사이에 우리 하늘초등학교가 이름처럼 예쁘게 자리 잡고 있지요.

그런데 요즈음 우리 학교에 문제가 생겼어요. 학교 주변에 아파트가 많이 생기면서 큰길 주변에 상가 건물을 한창 짓고 있어요. 처음에는 잘 느끼지 못하였는데 공사 중인 건물이 한 층 한 층 올라갈수록 시끄러운 소리가 교실까지 전해져요. 이제는 하루 종일 공사 소음 때문에 선생님의 목소리가 안 들릴 정도예요. 창문을 닫아도 소용이 없어요. 선생님이나 친구들은 수업 시간에 인상을 찌푸릴 때가 한두 번이 아니에요.

그런데 한편으로는 건물을 짓는 데 무조건 반대만 할 수도 없어요. 왜냐하면, 그 건물이 들어서면 음식점과 상가가 생겨 동네 사람들의 생활이 편리해지니까요. 우리 동네 사람들은 상가가 부족하여 일부러 먼 곳까지 물건을 사러 가야 할 때가 많거든요. 그래서 동네 사람들의 편리한 생활을 위해서는 꼭 필요한 건물이기도 해요.

그렇지만 이것은 너무해요. 엎어지면 코 닿을 거리에서 하루 종일 공사를 하니까 시끄러운 소리 때문에 수업 시간에 집중이 안 돼요. 그리고 선생님께서는 목소리를 높이느라고 목이 쉬셨어요.

1 하늘초등학교에서 발생한 문제는 무엇입니까? ( )

① 학교 주변에 높은 건물과 아파트밖에 없는 것
② 학생 수가 많아서 수업 시간에 집중이 안 되는 것
③ 학교 주변에 음식점과 상가가 별로 없어 불편한 것
④ 학교 주변에 건물을 짓고 있어서 소음이 발생하는 것
⑤ 학교 옆 큰길 주변에 건물을 짓고 있어서 복잡해지는 것

2 건물 공사를 무조건 반대할 수 없는 까닭을 쓰시오.

나눔아파트 주민 여러분, 안녕하십니까?

주민 여러분께 부탁드릴 것이 있습니다. 아파트에서 애완동물을 기르지 말아 주십시오. 요즈음 우리 아파트에 애완동물을 기르는 집이 많아지고 있습니다. 그러나 애완동물을 기르면 여러 문제가 발생합니다.

첫째, 애완동물이 내는 소리가 이웃에게 피해를 줄 수 있습니다. 주인에게는 사랑스러운 소리일지 몰라도 다른 사람에게는 그렇지 않을 수 있습니다.

둘째, 애완동물의 털에 기생충이나 병원균이 있을 수도 있으며, 어떤 사람들은 동물의 털에 과민 반응을 일으키기도 합니다.

셋째, 애완동물의 배설물을 잘 치우지 않거나 아파트 꽃밭 등에 버리면 해충이나 병원균이 발생하여 사람이나 짐승에게 질병을 일으킬 수 있습니다.

이렇게 아파트에서 애완동물을 기르면 여러 문제가 발생합니다. 따라서, 애완동물을 기르지 말아야 합니다. 주민 여러분의 협조를 부탁드리겠습니다. 감사합니다.

3 주민에게 알리고자 하는 의견이 무엇인지 쓰시오.

___

4 글쓴이의 의견을 뒷받침하는 까닭으로 알맞지 <u>않은</u> 것은 무엇입니까? ( )

① 애완동물의 털에 기생충이나 병원균이 있을 수 있다.
② 애완동물을 기르면 생명에 대한 소중함을 알게 된다.
③ 애완동물이 내는 소리가 이웃에게 피해를 줄 수 있다.
④ 애완동물의 털에 과민 반응을 일으키는 사람이 있을 수 있다.
⑤ 애완동물의 배설물을 잘 치우지 않으면 질병을 일으킬 수 있다.

5 글쓴이의 의견에 반대할 경우 알맞은 근거를 쓰시오.

___

님비 현상(NIMBY 지역 이기주의)

님비 현상이란, ㉠자기 지역의 이익만을 추구하는 현상으로 꼭 필요한 공공 시설이지만 자신이 사는 곳에 설치하는 것은 기피하는 현상을 말한다. 님비(NIMBY)는 '내 뒷마당에서는 안 된다(not in my backyard)'는 말의 줄임말로, ㉡지역 이기주의를 뜻하는 신조어이다. 늘어나는 범죄자, 마약 중독자, 산업 폐기물, 핵폐기물을 수용 또는 처리하는 마약 퇴치 센터나 방사능 오염 쓰레기 처리장 같은 ㉢공공시설의 필요성을 인정하면서도 이러한 시설들이 '남의 뒷마당'에 설치되어지기를 원하는 ㉣자기 중심적 공공성 결핍 증상이다.

한국에서도 장애인 시설, 쓰레기 소각장, 하수 처리장, 화장장, 핵폐기물 처리장 등의 공공시설물을 자신들이 사는 지역에 설치하는 것에 대해 지역 주민들이 반대함으로써 사회적인 문제가 되었다.

님비라는 말은 1987년 3월 미국 뉴욕 근교 아이슬립이라는 곳의 쓰레기 처리와 관련된 사회적 갈등에서 비롯되었다고 알려져 있다. 아이슬립에서 배출된 쓰레기의 처리 방안을 찾지 못하자, 정부는 쓰레기 3천여 톤을 배에 싣고 미국 남부 6개 주에서 멕시코 등 중남미 연안까지 6개월 동안 6천 마일을 항해하면서 처리할 지역을 모색했으나 실패하고 돌아온 사건이었다. 님비는 지방자치제가 발달함에 따라 중앙 정부와 지방 정부, 또는 지방 정부와 지역 주민들 간의 갈등으로 넓혀져 ㉤심각한 사회적 현상으로 지적되고 있다.

1 '님비 현상'이란 무엇인지 쓰시오.

_____

_____

2 ㉠~㉤ 중, '님비 현상'을 지적하는 말로 보기 어려운 것은 무엇입니까?( )

① ㉠　　② ㉡　　③ ㉢　　④ ㉣　　⑤ ㉤

02 인물의 삶과 시대 상황의 관계를 이해해 봐요

읽기 | 교과서 128~133쪽 | 학습 목표 : 인물의 삶과 시대 상황을 이해하며 전기문을 읽을 수 있다.

(가) 눈이 세상을 온통 하얗게 뒤덮은 겨울이었다. 폴란드의 수도 바르샤바에 자리 잡은 한 학교 교실에서 여학생들이 폴란드 역사를 배우고 있었다.

"1764년에 스타니스와프 2세가 왕이 되었을 때 폴란드는 나라의 힘이 약해져 나라 안팎으로 시끄러운 일이 끊이지 않았어요."

㉠학생들을 가르치는 투팔스카 선생님의 얼굴에는 슬픈 빛이 역력하였다. 조용히 앉아서 듣는 학생들도 마찬가지이었다.

그때, 갑자기 벨이 '찌르릉, 찌르릉, 찌르릉!' 세 번 울렸다. 러시아인 장학관이 왔다는 것을 알리는 신호이었다. 러시아 관리들은 폴란드인 교사들이 러시아 정부가 시키는 대로 학생들을 지도하고 있는지 살펴보러 오고는 하였다.

학생들은 폴란드 역사책을 재빨리 치우고 준비하여 두었던 바느질감을 무릎 위에 올려놓았다. 그리고 침착하게 바느질을 시작하였다. 이 모든 일이 순식간에 이루어졌다.

(나) "예카테리나 2세 이후 러시아 황제의 이름을 말해 보아라!"

"파벨 1세, 알렉산드로 1세, 니콜라이 1세입니다."

마냐는 정확한 발음으로 대답하였다.

"그럼 ㉡이 신성한 러시아를 다스리는 분은 누구시지?"

장학관은 '신성한 러시아'라는 말에 힘을 주어 말하였다. 마냐의 얼굴 표정이 굳어졌다. 잠시 머뭇거리자 장학관은 얼굴을 찌푸리며 짜증이 섞인 목소리로 외쳤다.

"우리를 다스리는 분이 누구시냐니까!"

그러나 마냐는 입술을 꼭 깨문 채 가만히 있었다. 교실 안에는 금방이라도 터질 듯한 긴장이 감돌았다. 잠시 뒤에 마냐가 떨리는 목소리로 말하였다.

"네, 러시아의 황제 알렉산드로 2세 폐하입니다."

"흠! 좋아."

장학관은 만족한 듯이 고개를 끄덕이더니 발소리를 크게 내며 교실 밖으로 사라졌다. 그 순간 ㉢마냐는 선생님에게 달려들면서 울음을 터뜨렸다.

1 ㉠과 같이 얼굴 표정을 지은 까닭은 무엇 때문입니까? (   )

① 폴란드 역사가 너무 어려워서
② 폴란드의 역사가 내세울 것 없이 초라해서
③ 폴란드의 역사를 몰래 배워야 하기 때문에
④ 러시아인 장학관이 온다는 소식을 들었기 때문에
⑤ 폴란드가 나라의 힘이 약해져 다른 나라의 침략을 받아서

2 ㉡이 가리키는 곳은 어디인지 쓰시오.

_____

3 ㉢의 행동이 일어난 까닭은 무엇 때문입니까? (   )

① 교실 분위기가 너무 딱딱하고 무서워서
② 장학관의 질문에 너무 힘들게 대답해서
③ 러시아 말로 대답하는 게 너무 어려워서
④ 자기 나라의 역사를 못 배우는 게 서러워서
⑤ 장학관의 질문 내용이 너무 어려웠기 때문에

4 당시의 시대 상황으로 알맞은 것은 무엇입니까? (   )

① 폴란드가 러시아의 지배를 받는 중이었다.
② 스타니스와프 2세가 폴란드의 왕이 되었다.
③ 폴란드 역사 교육은 러시아의 허락을 받아야 했다.
④ 학생들이 폴란드 어와 러시아 어 수업을 같이 받아야 했다.
⑤ 폴란드인 교사들은 러시아 관리들과 협의하여 수업을 했다.

5 러시아인 장학관이 학교를 방문한 까닭은 무엇인지 쓰시오.

_____

_____

한여름에도 얼음을 먹었던 조상들의 지혜

냉장고가 없었던 옛날에 한강의 얼음은 여름을 보내는 데 매우 귀중한 것이었다. "삼국사기"에는 신라 유리왕 때 얼음을 사용했다는 기록이 있다. 조선 시대에는 얼음 창고를 한성의 두 곳에 설치하였다는 기록이 "동국여지승람"에 있다. 이 기록에 의하면 한강 하류인 지금의 옥수동에 동빙고가 설치되어 나라의 제사 때 사용할 얼음을 주로 저장하였고, 지금의 서빙고도 설치하였다.

궁중에는 따로 얼음 창고를 마련하였는데, 이것을 내빙고라 하였다. 빙고는 처음에 산기슭에 땅을 파고 목재로 빙실을 만들어 썼는데, 매년 얼음을 저장할 때마다 얼음 창고를 손질해야 하고 얼음도 빨리 녹아서 효과적이지 못했다. 따라서 이를 개선하기 위하여 세종 2년에 동·서빙고를 석실로 개조하였는데, 이 형식은 경주 반월성에 있는 석빙고와 같았다.

물이 약 10cm쯤 얼었을 때 한강에 나와 톱으로 얼음을 잘라 저장하였다. 보관된 얼음은 한여름에 궁중과 고급 관리들에게 나누어 주었는데, 특히 궁중에서는 5~9월까지 얼음이 떨어져서는 안 되었다.

당시의 얼음은 주로 궁중에서 제사나 주요 행사 등에 사용하였으며, 일반 서민들은 구경조차 할 수 없었다. 조선 시대에 얼음을 채취하여 보관하는 것은 조정 관리들이 하는 일 가운데 중요한 일거리였다. 조선 초기에는 예조 산하에 빙고라는 관청을 두어, 얼음을 채취하고 보관하는 일을 맡도록 하였다. 빙고에서 얼음을 채취하는 사람들을 빙부라 했으며, 그들에게 녹봉을 지급된 논밭을 빙전이라 하였다.

1 이 글의 내용과 맞지 <u>않는</u> 것은 무엇입니까? ( )

① 신라 유리왕 때 얼음을 처음 사용했다는 기록이 남아 있다.
② 조선 시대 궁중에 따로 설치한 얼음 창고를 내빙고라 하였다.
③ 얼음을 사용했던 기록이 "삼국사기"와 "동국여지승람"에 실려 있다.
④ 조선 시대에는 얼음 창고를 두 군데에 설치하여 얼음을 저장했다.
⑤ 보관한 얼음은 한여름에 얼음이 필요한 모든 백성에게 나누어 주었다.

2 궁중에서는 채취하여 보관한 얼음을 어느 곳에 사용했는지 쓰시오.

03 전기문을 읽고 인물의 가치관을 파악해 봐요

읽기 | 교과서 134~141쪽 | 학습 목표: 인물의 삶과 시대 상황을 생각하며 글을 읽을 수 있다.

(가) 상호는 사람이 사용하는 말과 글에 대하여 곰곰이 생각하였다.

'말은 사람의 생각을 표현하는 것이다. 글은 그 말을 옮기는 기호이며 약속이다. 우리나라 사람은 엄연히 우리말을 가지고 있고, 그 말을 적는 훌륭한 글자를 가지고 있다. 그럼에도 불구하고 ㉠<u>남의 나라 글인 한문으로 생각을 표현하고 그것을 배우느라 쩔쩔매고 있다.</u> 얼마나 불편한 노릇인가? 우리글로 학문을 배우면 여러 사람이 손쉽게 선현의 생각을 배우고 실천할 수 있을 것이다.'

그 당시의 양반은 한문으로 공부를 하였고, ㉡<u>한문을 알아야 학식이 있다는 소리를 들었다.</u> 그러나 상호는 그때까지 열심히 배우던 한문 대신 우리글을 공부해야겠다는 생각을 가지게 되었다.

(나) 주시경은 1894년 9월에 배재학당에 입학하였다. 그 당시에는 ㉢<u>신학문에 대한 관심이 높았으며 배재학당도 신식 학교로서 신학문을 가르쳤다.</u> 주시경은 그곳에서 영어를 접하고 신기한 사실 을 깨달았다.

'이것은 묘한 일치이다! 우리글도 영어의 알파벳과 같이 소리를 적어 나타내는구나. 훈민정음을 만드신 세종 대왕은 정말 훌륭한 분이시다. 이토록 배우기 쉽고 짜임새도 뛰어난 우리글을 만드셨다니 말야. 그런데 우리 백성은 우리글을 그동안 업신여기고 푸대접했구나.'

㉣<u>당시의 백성은 글을 읽지 못하는 사람이 대부분이었다.</u> 주시경은 한문만을 소중히 여기고 우리글을 무시한 조상이 안타까웠다.

'우리글을 모르는 사람이 이렇게 많아서야 우리나라가 부강하기는 틀린 일이다. 나는 이제부터 우리글을 연구하여 누구나 쉽고 빠르게 배울 수 있도록 하겠다. 이 일 보다 더 급한 일은 없다.'

(다) "그러면 선생님 성함을 순우리말로 지으신다면 어떻게 됩니까?"

"아주 좋은 질문입니다. 나는 내 이름을 일찍부터 순우리말로 지어 놓았지요. 그것을 오늘 처음으로 여러분에게 들려주겠습니다. 내 순우리말 이름은 '한힌샘'입니다. '한'은 '크다'는 뜻이고, '힌'은 여러분도 잘 알다시피 '희고 맑다'는 뜻입니다. '샘'은 '땅에 물이 고여 있는 자리'입니다. 그러므로 내 순우리말 이름의 뜻은 '맑은 물이 고여 있는 커다란 샘'입니다. 얼마나 뜻이 좋고 부르기도 편리합니까? ㉤<u>우리나라 사람이라면 대번에 알아들을 수 있는 이름 아닌가요?</u>"

학생들은 주시경의 설명에 머리를 끄덕이었다.

1 우리글에 대한 설명으로 알맞지 <u>않은</u> 것은 무엇입니까? ( )

① 세종 대왕이 만든 글자이다.
② 양반들 위주로 쓰던 글자이다.
③ 소리를 적어 나타내는 글자이다.
④ 배우기 쉽고 짜임새도 뛰어나다
⑤ 훈민정음은 우리글의 다른 이름이다.

2 주시경의 순우리말 이름인 '한힌샘'의 뜻을 쓰시오.

_____

3 ㉠~㉤ 중, 당시의 시대 상황과 거리가 <u>먼</u> 것은 무엇입니까? ( )

① ㉠ ② ㉡ ③ ㉢ ④ ㉣ ⑤ ㉤

4 신기한 사실 의 내용으로 알맞은 것은 무엇입니까? ( )

① 배재학당에서 영어를 처음 접하게 된 것
② 한문만을 소중히 여긴 조상이 너무 많다는 것
③ 우리나라에도 한글이라는 우리글이 있다는 것
④ 우리 백성이 우리글을 업신여기고 푸대접한 것
⑤ 우리글도 영어처럼 소리를 표기하는 글자라는 것

5 이 일 의 내용은 무엇인지 쓰시오.

_____

돈가스의 유래

돈가스란 돼지고기에 빵가루 등을 묻혀 기름에 튀긴 요리를 말한다. 돈가스는 일본에서 온 말이다. '豚(돼지 돈)'의 일본어 독음인 '돈'과 '얇게 저민 고기를 납작하게 다진 덩어리'란 뜻의 영어 '커틀릿'의 일본어 음인 '가쓰레쓰'를 줄인 '가쓰'가 결합된 '돈가쓰'를 외래어 표기법에 따라 적은 것이다.

7세기 이후 네 발 달린 짐승 고기를 먹는 것이 금지돼 온 일본에서 메이지 유신 이후 이러한 것이 사라지자 귀족층을 중심으로 서양 요리가 급속히 확산되기 시작했다. 그러나 서양 요리에 대한 거부감으로 일반인들은 이를 쉽게 받아들이지 못했다. 이것을 재빨리 상업화한 것이 도쿄에 있는 '폰치'라는 서양 식당이었다. 그리하여 1929년에 양식에 일식을 결합하여 돈가스란 절충식 요리를 개발해 낸 것이다.

똑같은 방법으로 소고기를 튀긴 것에는 '비후카쓰'라는 이름을 붙였다. 말할 것도 없이 '비프 커틀릿'의 일본식 발음이지만 왜 '우가스', 즉 '규(牛)카스'라고 하지 않았는지는 '폰치'의 주방장만이 알 일이다. 어쨌든 이 두 요리는 일제 시대 때 똑같은 이름으로 우리나라에 상륙해 지금까지 사랑받고 있는 대중 요리로 남아 있다.

거리의 간판들을 보면 '돈까스', '돈까쓰' 등으로 질서없이 적혀 있는 것을 볼 수 있는데, 외래어 표기는 '돈가스'로 정하고 있다. 일본 요리이므로 당연히 일본어 표기법에 따라 '돈카쓰'로 적어야 맞을 텐데 애써 '돈가스'로 적도록 한 것은 과거 일제 식민 치하의 잔재를 청산한다는 것과 되도록 일본 냄새를 줄여보자는 생각 때문이었을 것이다.

1 '돈가스'란 말은 어느 나라에서 유래되었으며 어떻게 만든 음식인지 쓰시오.

2 일본어 표기법에 따르면 '돈카쓰'로 적어야 맞는데, 우리나라에서 '돈가스'로 정한 까닭은 무엇입니까?

영재 클리닉 02

별 하나, 나 하나

자, 이제부터 우주 여행하러 떠나 볼까?

『과학』_ 4. 태양계와 별

우리 태양계에는 어떤 별들이 있을까요?

태양의 가족

> 과학　교과서 130~163쪽 | 학습 목표 : **태양계의 행성과 별에 대해 알 수 있다.**

① 나는 태양에서 제일 가까운 별이라 거리를 재고 말고 할 것도 없어. 한 6천만km 떨어져 있으니. 그래서 나는 88일 만에 태양 주위를 한 바퀴 돌아. 내 별명은 발 빠른 신의 이름을 딴 '머큐리'란다. (　　)

② 나는 어찌나 예쁜지 사람들은 나를 '샛별'이라고 부른다. 그렇지만 나는 매우 뜨겁고 산소는 거의 없어. 태양과의 거리는 1억 820만km이고, 공전 주기는 지구보다 태양에 가까우니까 225일이지. (　　)

③ 나는 지구 바로 옆에 있는 별로 지구랑 비슷해서 생명체가 살 수 있다는 희망을 안겨 주는 별이야. 태양과의 거리는 2억 3천만km이고, 공전 주기는 지구보다 태양에서 조금 멀기 때문에 지구의 약 2배에 이르는 687일이란다. (　　)

④ 나는 태양계에서 가장 큰 별이야. 태양과의 거리는 7억 7천 830만km이고, 공전 주기는 11.862년이야. 부피는 지구보다 무려 1320배나 크고 달을 16개나 가지고 있어. 부럽지 않니? (　　　)

⑥ 나는 청록빛을 띠고 있어. 그리고 달을 15개 가지고 있어. 공전 주기는 84.022년이야, 하루의 길이는 약 17시간 정도고. (　　　)

⑤ 나는 가장 멋있는 별. ▮부분으로 나누어지는 고리를 달고 있어. ▮도 아홉 개나 된다. 태양과의 거리는 14억 ▮천 940만km이고, 공전 주기는 29.458년이▮, 하루의 길이 즉 자전 주기는 약 10시간 25분 정도야. (　　　)

⑦ 나는 푸른 바다의 색을 띤 별, 그래서 별명도 바다의 신 이름과 같은 '넵툰' 내 온도는 영하 220도야. 달은 두 개고 태양에서 44억 9천 700만km 떨어진 곳에 있어. 공전 주기는 165.49년이고 하루의 길이는 18.4시간이야. (　　　)

01 화성으로 간 쌍둥이

* 다음 글을 읽고, 물음에 답하시오.

붉게 빛나는 화성은 인류에게 항상 주목의 대상이었다. 여러 면에서 지구와 비슷해서 어쩌면 화성에 생명체가 살고 있을지 모른다고 기대했기 때문이었다. 화성의 하루는 지구보다 37분 더 길고 자전축의 경사각도 지구와 매우 비슷하다. 또 화성에는 희박하지만 대기가 존재하고 4계절의 변화가 나타난다.

인구 증가, 에너지 고갈 등 늘어나는 인류와 지구의 문제를 우주에서 해결하기 위해 화성 탐사는 계속되었다. 그러다 비로소 생명이 존재할 가능성을 높여 주는 물이 발견되었다. 화성 탐사선 오디세이 호가 화성 북극 지역의 지표 90㎝ 아래에 엄청난 양의 얼음 호수를 발견해 낸 것이다. 계속되는 화성 탐사는 화성을 새로운 보금자리로 만들려는 인류의 오랜 소망을 이루게 할 밑거름이 될 것이다.

1 화성이 지구와 비슷한 점은 무엇입니까?

---

2 사람들이 화성에 관심을 가지는 이유는 무엇입니까?

---

* 다음 글을 읽고, 물음에 답하시오.

화성 탐사 로봇 스피릿

미국 항공우주국은 미국 화성탐사선 스피릿 (Spirit)이 화성 착륙에 성공했다고 발표했다. 미국 항공우주국 나사(NASA)에서 쌍둥이 화성 탐사 로봇인 '스피릿'과 '오퍼튜니티(Opportunity)'를 화성에 보냈는데 스피릿이 화성 표면에 성공적으로 안전하게 착륙한 것이다. 오퍼튜니티는 스피릿의 착륙 지점 반대쪽인 인듀어런스 분화구에 착륙한다.

골프 카트 크기로 무게가 1백 73kg인 스피릿과 오퍼튜니티는 각각 6개의 바퀴와 카메라 현미경 적외선 분석 장비, 로봇 팔 등의 첨단 설비를 갖추고 있다. 쌍둥이 탐사선의 주된 임무는 3개월 간 화성의 바위와 토양을 탐사하는 것이다. 그래서 현재 및 과거의 화성이 생명체가 살 수 있는 환경이었는지 또 물이 있는지 없는지 여부를 밝혀 줄 자료를 나사로 보내게 된다.

3 쌍둥이 화성 탐사선 '스피릿'과 '오퍼튜니티'의 주된 임무는 무엇입니까?

4 여러분이 화성에 간다면 무엇을 해 보고 싶습니까?

02 별 보러 가자

* 다음 사진을 보고, 물음에 답하시오.

◎ 파이오니아10호 – 목성 탐사선

◎ 마젤란 – 금성 탐사선

◎ 보이저1호 – 목성, 토성 탐사선

◎ 아폴로11호 – 달 탐사선

1 어떤 우주선을 타고 어디로 가 보고 싶은지 쓰고, 또 그렇게 생각한 까닭은 무엇인지 써 봅시다.

03 우주인이 쳐들어온다!

* 다음 글을 읽고, 물음에 답하시오.

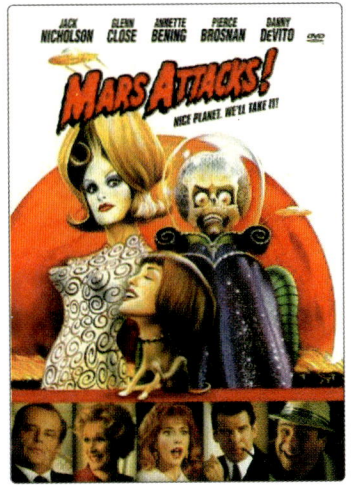

 미래 5월의 어느 날 화성인들이 지구에 출현한다. 평화를 원한다며 지구를 찾아온 화성인들은 지구의 환영 인파를 무참히 사살해 버린다. 그러나 화성인들이 공식적인 사과문을 보내오자 대통령과 각료들은 안심한다. 그러나 또다시 화성인들은 국회 의사당에 모인 정치인들을 모조리 죽여 버리고 만다. 부모님과 캔사스의 도너츠 가게를 운영하던 리치의 형 빌리는 화성인들의 침공에 대비한 지구 수비대에 지원했다가 참변을 당한다. 화성인들은 닥치는 대로 사람을 죽인다. 미국 본토는 물론이고 전 세계가 파괴와 악몽의 도가니로 추락한다. 그런데 이게 웬일인가. 지구를 삼켜버릴 듯한 기세로 설치던 화성인들이 맥없이 머리통이 통째로 터지면서 죽어간다. 원인은 바로 리치의 할머니가 즐겨 듣던 올드 팝송의 특이한 선율과 파장 때문이었다. 리치는 이 곡을 전 세계 방송국에서 틀게 만든다. 각국의 지도자를 사살하며 지구 침공에 열을 올리던 화성인들은 속수무책으로 죽어간다.
 화성인들의 지구 침공 세력은 그렇게 실패한다.

1 이 영화처럼 외계인이 지구를 공격해 온다면 여러분은 어떻게 대처할 것입니까?

_____
_____
_____

외계인은 없다?

외계인은 정말 있을까?

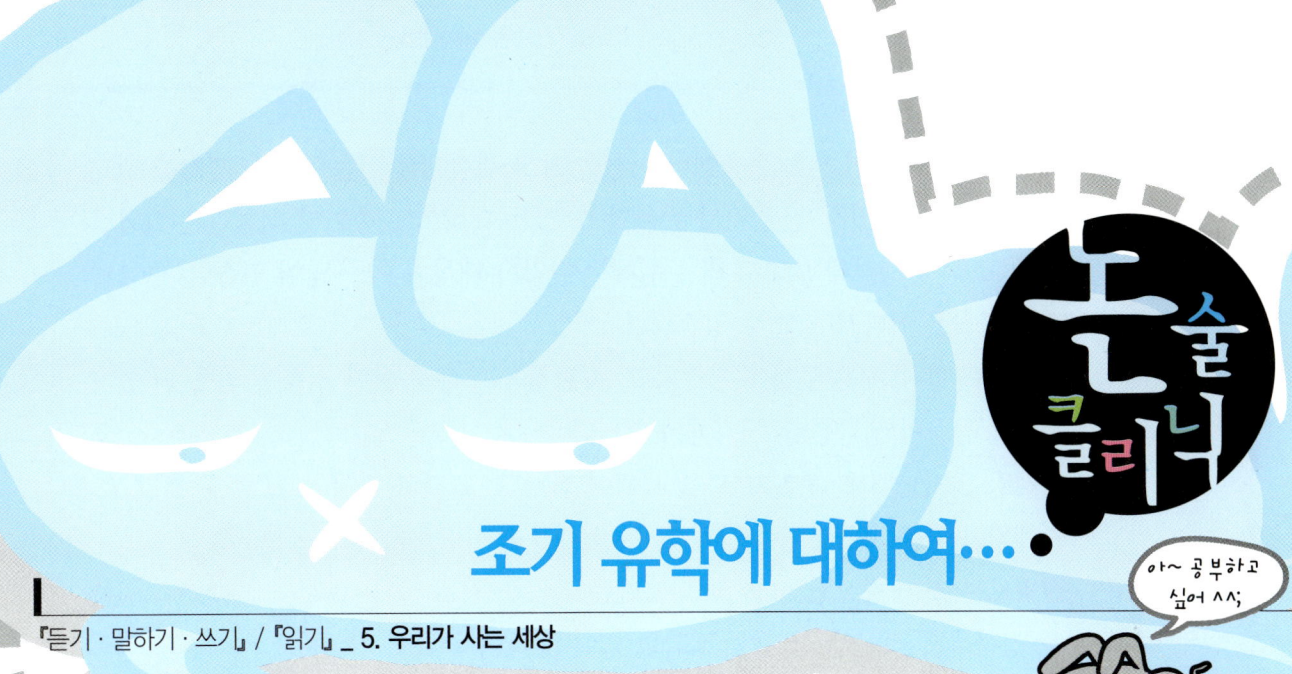

논술 클리닉

조기 유학에 대하여…

『듣기·말하기·쓰기』/『읽기』_ 5. 우리가 사는 세상

유행처럼 번지고 있는 조기 유학. 사람들은 왜 너도 나도 외국으로 유학을 떠나려고 하는 것일까요?

꼼꼼하고 자세한 관찰

듣기 　 말하기 　 쓰기 　 교과서 89~91쪽 | 학습 목표 : 관찰한 내용을 글로 쓸 수 있다.

관찰이라고 하면 흔히 곤충이나 식물을 보고 생김새를 적는 정도의 관찰을 생각하는 할 수도 있지만, 우리가 관찰할 수 있는 대상이 곤충이나 식물만은 아닙니다. 조금만 생각해 보면 우리 주위에는 관찰할 대상이 아주 많이 있습니다. 그리고 관찰은 어디서나 할 수 있습니다.

관찰을 할 때에는 무엇을 관찰하고 그 관찰을 통해서 어떤 지식을 얻을 수 있는가를 곰곰이 생각한 후 시작해야 합니다.

제일 먼저 철저한 관찰 계획을 세워야 합니다. 그리고 나서 자세하고 꾸준히 관찰해야 합니다. 관찰 대상을 꼼꼼하게 살펴보는 것이 중요합니다. 그 다음에는 관찰한 사실을 정확하게 적어야 합니다. 정확한 기록을 해야 올바른 결론을 내릴 수가 있습니다. 관찰자의 느낌도 중요합니다. 관찰 후의 솔직한 느낌을 씁니다.

1 관찰 과정을 순서대로 써 봅시다.

_____

_____

2 다음의 그림을 보고 짧은 관찰 기록문을 써 봅시다.

관찰 대상 : _____

관찰 내용 : _____

관찰 방법 : _____

생각하거나 느낀 점 : _____

_____

◎ 미진이가 정리한 내용

- **관찰 대상** : 사촌 동생 혜수
- **관찰 기간** : 9월 24일 오후 5시 ~ 7시 10분
- **관찰 내용**
  - 오후 5시 : 방금 잠에서 깨어남. 칭얼대다가 장난감을 주자 표정이 밝아짐.
  - 오후 5시 30분 : 엉금엉금 기어가다가 힘이 든지 옆으로 쓰러짐. 작은아버지께서 일으켜 안아 주시니 작은아버지 어깨에 얼굴을 마구 비빔.
  - 오후 6시 20분 : 작은어머니 품에 안겨 젖을 열심히 빨고 있음. 입을 오물거림.
  - 오후 7시 10분 : 누워 있음. 내가 동요를 불러주자, 두 팔을 흔들고 발가락을 움직이면서 장난을 침.
- **생각이나 느낌** : 혜수는 사랑스럽고 예쁘다. 혜수가 건강하게 잘 자랐으면 좋겠다.

3 미진이의 관찰 대상은 무엇(누구)입니까?

4 관찰한 내용을 어떻게 정리하였습니까?

5 여러분이 관찰하고 싶은 대상이나 현상은 무엇이 있습니까?

6 여러분의 가방 속에는 어떤 물건들이 있습니까? 관찰 대상을 정하여 물건들의 형태나 색깔을 관찰해 보고 글로 써봅시다.

관찰 대상 : _____

관찰 내용 : _____

관찰한 느낌 : _____

_____

_____

7 다음은 무엇을 관찰한 것인지 상상해 보고, 관찰 대상을 그림으로 그려 봅시다.

관찰 대상 : _____
관찰 방법 : 옆집 마당에서 20분 동안 살펴보며 관찰했다.
관찰한 내용 : 털의 빛은 황색을 약간 섞은 흰색이다. 군데군데 얼룩점이 있다. 꼬리는 말려 올라가 있고 귀는 삼각형 모양으로 쫑끗 서 있다. 눈은 세모꼴이지만 눈동자는 검고 둥글다. 조용하고 볕에 누워 있지만 낯선 사람이 들어오자 맹렬히 짖어대었다. 앞다리는 곧고 뒷다리는 뒤쪽으로 뻗쳐있다.

조기 유학에 대하여…

01 사회를 살펴봐요

* 다음 글을 읽고, 물음에 답하시오.

관찰을 할 때 자연의 모습이나 사물의 모습만을 관찰할 수 있는 것은 아니다. 사회 현상이나 사건, 사고, 또는 친구의 모습, 구름의 변화 모양 등 관찰의 대상은 무궁무진하다. 우리 주위의 모든 것은 모두 관찰의 대상이 될 수 있는 것이다.

그 중에서도 사회 현상을 관찰하는 일은 매우 흥미로운 일이다. 다양한 시각으로 사회 현상을 관찰하면 우리나라와 이웃 나라에서 일어나는 일들을 이해할 수 있게 된다.

사회 현상 관찰의 목적은 우리 사회의 문제점을 이해하고 나아가 해결책까지 생각해 보는 것이다. 그래서 사회 현상을 관찰할 때에는 사회 현상의 주제와 문제점 등을 명확히 이해해야 한다. 그래야 관찰에서 그치지 않고 사회 현상에 대한 판단과 함께 문제의 해결책을 찾을 수가 있다.

예를 들어 영어 발음을 좋게 하기 위해 혀 수술을 하는 사건을 관찰한다고 하면 그 사건이 일어난 원인을 우선 알아야 한다. 그리고 그런 사건이 우리에게 미치는 영향과, 그런 사건을 없앨 수 있는 해결책까지 생각해 보는 것이 사회 현상 관찰인 것이다.

1 사회 현상을 관찰하는 목적은 무엇입니까?

_____

2 여러분은 우리 사회의 어떤 현상을 관찰해 보고 싶고, 그 까닭은 무엇인지 친구들과 이야기해 봅시다.

_____

02 너도 나도 조기 유학

* 다음 글을 읽고, 물음에 답하시오.

　대체로 우리나라 학생들의 유학은 대학과 대학원 진학, 영어 연수 과정으로 이루어져 왔으나 최근 들어 전반적인 유학생 증가와 더불어 초·중·고 자녀를 둔 중산층 가정을 중심으로 조기 유학에 대한 관심이 높아지면서 새로운 조기 유학 바람이 불고 있다. 조기 유학을 전면 허용키로 한데 따른 것이다. 특히 최근의 조기 유학은 과거 문제가 되었던 일부 부유층 자녀의 '도피성 유학'과 달리 성적이나 생활면에서 별 문제가 없는 우수 학생들이 많다는 점이 색다르다.

　현재 우리나라 학생들이 주로 조기 유학을 가는 나라로는 미국을 비롯하여 캐나다, 영국, 호주, 뉴질랜드 등 영어권 국가이며 최근 들어 중국이나 러시아 등에도 늘고 있다. 조기 유학은 유학을 통해 외국어를 쉽게 익힐 수 있고 외국의 교육 수준이 높다는 까닭으로 꾸준히 늘어나고 있다. 특히 캐나다의 밴쿠버 지역과 뉴질랜드의 오클랜드는 이미 등록되어 있는 한국 학생들의 수가 너무 많아서 한국 신규 입학생의 숫자를 제한하는 곳도 생겨났다.

1 위 글은 어떤 사회 현상을 관찰한 뒤 쓴 글입니까?

2 학생들이 조기 유학을 떠나는 까닭은 무엇입니까?

03 그들의 조기 유학

* 다음 글을 읽고, 물음에 답하시오.

뉴욕의 종합예술기관 '링컨센터'에서 일하다 한국으로 돌아 온 그레이스(한국명 이현주, 29세)씨. 그는 줄리어드와 이스트만 음대를 졸업한 조기 유학파다. 뉴욕대(NYU)에서 예술 경영학 석사 학위를 받은 그는 한국으로 돌아와 유니버설 발레단의 홍보 마케팅 회사에서 일하며, 심청전을 발레에 접목한 '심청'을 기획하고 외국에 홍보하는 데에 주도적 역할을 했다.

베로니카(한국명 김미현, 29세) 씨는 열다섯 살 때 미국 유학을 떠나 워싱턴DC의 코코란 미술대학에서 순수 미술을 전공한 뒤 국제 갤러리에서 아트 컨설턴트로 활동 중이다.

이들은 자기 분야에서 한국의 문화와 경제를 외국에 홍보하고 외국의 선진 기술을 들여 오는 '민간 문화 사절'의 역할을 톡톡히 하고 있는 셈이다. 그레이스와 베로니카는 "한국이 잘돼야 우리를 포함한 한국 핏줄을 가진 사람 모두가 잘 되는 것 아니냐."며 선진국에서 배운 지식을 모국의 발전에 쓰고 싶다고 말했다.

1 그레이스와 베로니카가 조기 유학을 마치고 한국으로 돌아온 까닭은 무엇입니까?

2 그레이스와 베로니카가 '민간 문화 사절'이라고 불리는 이유는 무엇입니까?

나는 3년 전에도 고등학교 1학년 지금도 고등학교 1학년에 재학중인 조성훈이다. 나는 호텔 경영의 최고 경영자가 되고 싶은 미래의 꿈을 위해 호텔 경영 공부를 하러 열일곱 살 고등학생이 되던 해 호주로 조기 유학을 떠났다. 그렇지만 3년 만에 다시 한국으로 돌아오게 되었다. 처음에는 영어를 익히려고 호주 친구들을 사귀고 싶었지만 말이 잘 통하지 않으니 그것도 쉽지가 않았다. 문화도 다르고 생각하는 것도 다르니 무작정 어울리기도 힘들었다. 그러다 보니 마음 편하게 나처럼 유학을 온 한국 친구들하고만 어울리게 되었다. 주위엔 아무도 없었고 외로움을 달래줄 사람들은 친구들밖에 없었다. 학교 수업은 점점 더 소홀하게 되고 급기야 술이나 담배 같은 데도 손을 대게 되었다. 그러다 술을 먹고 싸움을 하여 학교에서 퇴학을 당했다. 어머니는 결국 나에게 한국으로 다시 돌아가자고 설득하셨다. 퇴학을 당하고 나니 받아주는 학교가 없었던 것이다. 나의 유학 생활은 이렇게 실패로 끝났다.

3 성훈이가 외국 친구들과 잘 어울리지 못한 까닭은 무엇입니까?

4 성훈이의 유학 생활이 실패한 까닭은 무엇이라고 생각합니까?

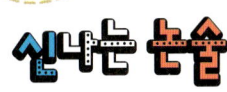

조기 유학에 대하여…

※ 많은 학생들이 우리나라에서의 공부를 포기하고 외국으로 유학을 떠나는 일이 많습니다. 조기 유학에 대해 어떻게 생각하는지 자신의 의견을 논술해 봅시다. (500자 내외)

300

400

500

| 첨삭지도 | |

국어 술술 사회 술술 과학 술술

04 나눔의 기쁨

* 다음 글을 읽고, 물음에 답하시오.

선생님께

　선생님, 제가 어제 다희의 시계를 숨겼습니다. 처음에는 장난삼아 시계를 사물함에 넣고 집에 갈 때 다희에게 돌려주려고 하였습니다. 그런데 다희가 새로 산 시계가 없어졌다고 펑펑 울어서 그 사실을 말할 수 없었습니다.

　선생님께서도 우리 반에서 처음으로 분실 사고가 발생하였다고 화를 내셔서 순간 겁도 났습니다. 선생님께서 그렇게 화내시는 것을 본 적이 없었기 때문입니다. 몇 번이나 제가 장난한 것이라고 말씀드리려고 하였는데 용기가 나지 않았습니다.

　선생님, 정말 죄송합니다. 다시는 그런 장난을 하지 않겠습니다. 다희에게도 사과하겠습니다.

20○○년 ○○월 ○○일
서경원 올림

1 경원이가 솔직하게 말하지 못한 까닭은 무엇 때문인지 50자 내외로 쓰시오.

2 내가 선생님이라면 이 글을 읽고 어떻게 하겠습니까?

* 다음 글을 읽고, 물음에 답하시오.

지렁이는 보이지 않는 트랙터다

어린이를 대상으로 한 것인만큼 "지렁이다"의 줄거리는 단순하다. 흙 속의 지렁이 '흙톨이'가 농약과 화학 비료를 피하여 '봄이'의 토마토밭을 떠났다가 되돌아오는 과정을 이야기하고 있다.

책 "지렁이다"에서는 지렁이뿐만 아니라 흙의 소중함에 대해서도 어린이들이 생각할 수 있는 기회를 준다. "지렁이다"의 글은 어린이들이 이해할 수 있도록 쉽게 쓰였고 그림도 친근하다. 그리고 책의 앞부분과 뒷부분에는 지렁이에 대한 비교적 자세한 설명도 달아 놓아 어린이들의 지식을 높이는 데도 도움이 된다. 다만 아쉬운 것은 부모나 교사가 추가로 설명할 수 있는 내용이 없다는 점이다.

3 이 서평의 장점과 단점에 대해 쓰시오.

장점 : _____

단점 : _____

책 한 권에 담긴 우주

이 책은 우주 로켓의 발사부터 대우주에 이르기까지 우주와 별에 대하여 많은 양의 정보를 담고 있다. 우주 로켓의 발사 원리와 내부 구조, 우리나라 최초의 우주인 이소연의 사진을 덧붙여 설명하는 우주에서의 생활, 태양계의 다양한 행성과 지구의 위성, 별의 생애 등 우주에 대한 자세한 설명을 담고 있다. 그뿐만 아니라 생생한 사진과 그림을 곁들여 우주에 대한 정보를 이해하는 데 도움을 준다.

이 책은 초등학생부터 고등학생까지 모두 읽을 수 있으며, 각 내용마다 관련된 교과서 단원을 설명하고 있기 때문에 ㉠학생들의 과학 공부에도 도움을 줄 것이다.

4 ㉠의 까닭을 20자 내외로 쓰시오.

_____

05 우리가 사는 세상

✱ 다음 글을 읽고, 물음에 답하시오.

유다영 : 대한초등학교 어린이 여러분, 안녕하십니까? 대한어린이방송국 아나운서 유다영입니다. 오늘 아침 방송 '의견 말해요'에서는 '어린이들의 독서 방법'이라는 주제로 5학년 학생의 발표를 들어보겠습니다. 자, 김네모 학생 발표해 주세요.

김네모 : 얘들아, 안녕? 나는 5학년 사랑반 김네모야. 나는 독서의 필요성에 대하여 말해 보려고 해.

유다영 : 잠시만요, 김네모 학생.

김네모 : 책에는 종류가 매우 많아.

유다영 : 잠깐만요. 김네모 학생. 높임말을 사용해 주시기 바랍니다. 다시 김네모 학생의 발표를 듣겠습니다.

김네모 : 아, 네. 방송이라는 걸 깜빡했습니다. 저는 책을 좋아하기 때문에 많이 읽습니다. 책은 우리에게 꼭 필요한 것입니다. 음, 저, 그리고, 저, 저, 저는 만화책을 좋아합니다. 정말 재미있기 때문입니다.

유다영 : (급하게 마무리 지으며) 네, 김네모 학생의 '어린이들의 독서 방법'에 대한 생각을 잘 들었습니다. 오늘 '의견을 말해요'의 학생 발표는 이것으로 마치겠습니다.

1 내가 만약 김네모라면 어떻게 발표할지 알맞은 발표 방법을 생각하여 빈 칸에 채워 넣으시오.

(1) 발표 주제	
(2) 듣는이	
(3) 발표 장소	
(4) 발표 내용	
(5) 발표 방법	

* 다음 글을 읽고, 물음에 답하시오.

> 샬롯은 날마다 거꾸로 매달려 뾰족한 수가 떠오르기를 기다렸다. 시간시간 생각에 잠겨 움직이지 않고 가만히 앉아 있었다. 윌버에게 목숨을 구해 주겠다고 하였기 때문에 샬롯은 약속을 지키기로 굳게 마음먹었다. 샬롯은 천성적으로 참을성이 많았다. 샬롯은 충분히 기다리면 파리가 거미줄에 걸려든다는 것을 경험으로 알고 있었다. 윌버의 문제도 충분히 생각하면 좋은 생각이 떠오르리라고 확신하고 있었다. 마침내 칠월 중순으로 접어드는 어느 날 아침에 좋은 생각이 떠올랐다.
> '이건 아주 간단하군! 윌버의 목숨을 구하려면 주커만을 속이면 돼. 내가 벌레를 속일 수 있으면 분명히 사람도 속일 수 있어.'
> 샬롯은 거미줄 한복판으로 내려와서 거기에 있는 거미줄 몇 가닥을 끊기 시작하였다. 다른 동물들이 졸고 있는 동안에 천천히, 그리고 꾸준히 작업을 하였다. 아무도 샬롯이 작업하고 있는 것을 알아채지 못하였다. 암거위까지 몰랐다. 윌버는 부드러운 잠자리에 푹 파묻혀 잠들어 있었다. 새끼 거위들은 자기들이 가장 좋아하는 헛간 구석에서 삑삑거리며 밤 노래를 불렀다. 샬롯은 거미줄 한 부분을 큼직하게 찢어 한복판에 뻥 뚫린 공간을 남겨 두었다. 그런 다음 그 공간에 다른 거미줄을 짜기 시작하였다. 자정 무렵에 템플턴이 쓰레기 더미에서 돌아왔을 때도 샬롯은 여전히 작업을 하고 있었다.

2 샬롯이 윌버에게 한 약속은 무엇인지 쓰시오.

_____

3 샬롯의 성격과 그 성격을 짐작할 수 있게 하는 행동을 연결하시오.

(1) 생각이 깊고 참을성이 많다. • • ㉠ 다른 가축들이 졸고 있는 동안에도 천천히 꾸준히 작업하였다.

(2) 의리가 있고 믿음을 지킨다. • • ㉡ 윌버를 구할 방법이 생각날 때까지 날마다 충분히 기다렸다.

(3) 침착하고 성실하다. • • ㉢ 살려주겠다는 윌버와의 약속을 지키기로 굳게 마음먹었다.

06 깊은 생각 바른 판단

* 다음 글을 읽고, 물음에 답하시오.

(가) 안용복

그의 노력은 조선이 울릉도와 독도를 지키는 데 큰 도움이 되었다. 안용복이 활약한 뒤로는 일본이 울릉도와 독도에 대한 영토 분쟁을 일으키지 못했다.

그러나 안용복은 조선 정부로부터 아무런 보상을 받지 못하였으며, 오히려 허락 없이 일본에 다녀왔다는 이유로 사형을 당할 뻔하기도 하였다. 그렇지만 그는 그것에 개의치 않고 오직 우리나라의 영토를 지키겠다는 일념으로 평생을 울릉도와 독도를 지키기 위하여 헌신하였다.

(나) 독도 주민 1호

독도는 우리나라의 땅이기는 하지만 사람이 살기에 불편한 바위섬이기 때문에 아무도 살지 않았다. 이 사실을 알게 된 울릉도의 어부 최종덕 씨는 1981년에 가족과 함께 독도로 주소를 옮겨 독도 주민 1호가 되었다. 그는 우리나라 사람이 주민 등록을 하여 살고 있는 곳이므로 독도는 당연히 우리나라 땅이라며 일본의 소유권 주장은 억지일 뿐이라고 강조하였다.

그 뒤에 그의 용기 있는 결단으로 뜻을 같이하는 사람들이 독도로 주소를 옮겼고, 1991년에는 김성도, 김신열 씨 부부가 독도로 이주하여 살게 되었다.

1 안용복과 독도로 주소를 옮긴 사람들은 어떤 마음으로 독도를 지키기 위하여 헌신하였는지 50자 내외로 쓰시오.

2 독도를 지키기 위하여 우리가 할 수 있는 일을 한 가지 쓰시오.

* 다음 글을 읽고, 물음에 답하시오.

　그것은 1952년 10월 31일의 일이었다. 그런데 이튿날인 11월 1일에 정말 깜짝 놀랄 일이 벌어졌다. 축하 전보가 산더미같이 배달된 것이다. 세계 곳곳에서 각 나라의 국왕, 대통령, 장관, 학자 등으로부터 온 것이었다. 그때, 랑바레네를 찾아왔던 독일의 어느 신문 기자가 슈바이처에게 물었다.
　"슈바이처 박사님, 축하합니다. 그런데 박사님, 노벨상 상금은 어떻게 쓰실 작정입니까?"
　"물론 병원을 위하여 써야지요. 이곳 랑바레네 사람들을 위한 병원을 완성하는 데 쓸 것입니다."
　그때, 슈바이처의 기뻐하는 얼굴, 그것은 마치 어린아이의 모습 그대로이었다.
　슈바이처가 아프리카 대륙에 건너온 지도 벌써 40년이 되었다. 그동안 더위와 질병 등 온갖 고생을 모질게 참아 내며 노력한 끝에 원주민들을 위하여 훌륭한 병원을 만들었고, 또다시 나병 환자들을 위하여 좋은 병원을 지으려고 계획하려던 참이었다.
　바로 그때 전혀 생각하지도 못한 엄청난 돈을 받게 되었으니, 일흔여덟 살의 슈바이처가 어린아이처럼 기뻐하는 것은 지극히 당연한 일이었다. 슈바이처의 마음속에 가득한 것은 노벨상을 타는 명예나 행복감이 아니라, 오로지 아프리카 사람들을 위한 병원과 나병 환자들을 위한 병실을 짓는 일뿐이었다.

3 슈바이처는 노벨 평화상으로 받게 되는 상금을 어디에 쓰려고 했는지 50자 내외로 쓰시오.

4 슈바이처의 가치관과 그의 삶에서 본받을 점에 대해 쓰시오.

07 이야기와 삶

* 다음 시를 읽고, 물음에 답하시오.

버려진 깡통 속에서

박혜선

길 옆,
버려진 깡통 속에
풀씨 하나 쏘옥.

바람은 알아서
흙을 나르고
햇살은 빛을 보태고
빗방울도 비스듬히
물을 뿌린다.

지나가는 사람들
발소리가 날 때마다
깡통은 얼마나 가슴을 졸일까?
차이고 밟혀도
혼자였을 땐 괜찮았지.

하지만
지금은 지금은 ㉠…….

1 깡통 속에 들어 있는 것은 무엇인지 쓰시오.

2 ㉠에 생략된 말을 짐작하여 20자 내외로 쓰시오.

* 다음 글을 읽고, 물음에 답하시오.

    어머니는 곧 결심을 하였습니다. 그리고 힘껏 자신의 손가락 하나를 깨물어 아버지의 입 안에다 따뜻한 피를 방울방울 흘려 넣었습니다. 그러면서 제발 아버지가 다시 살아나게 해 주십사 하고 간절히 하늘에 빌었습니다.
    그런데 그 어머니의 정성 어린 사랑과 용기에 하늘이 감동을 하였나 봅니다. 그래서 어머니의 소원 을 들어주신 모양이었습니다. 얼마 동안 그렇게 피를 흘려 넣어 주고 있으니, 아버지의 감겼던 눈이 천천히 다시 뜨이고 있었습니다. 그리고 아버지는 마치 깊은 잠에서 깨어난 사람처럼 어머니를 보고 말하는 것이었습니다.
    "아, 내가 어느새 그만 깜빡 잠이 들었던 모양인걸."
    아버지는 기적적으로 그렇게 다시 살아난 것입니다. 그리고 그날부터 차츰차츰 열이 내려 병이 깨끗이 나았습니다. 물론 아버지는 어머니의 손가락을 보고 자기가 어떻게 살아나게 되었는지도 알게 되었습니다.
    집안은 전보다도 더 화목하고 행복한 날이 계속되었습니다. 아버지는 늘 어머니에게 고마워하였고, 어머니는 그 아버지를 더욱 아껴 주었으니까요. 딸아이의 재롱도 그만큼 더 귀엽고 즐겁기만 하였습니다.

3 어머니의 소원 은 무엇을 말하는지 쓰시오.

4 어머니의 행동을 보고 느낀 점을 50자 내외로 쓰시오.

✱ 다음 글을 읽고, 물음에 답하시오.

총각은 속으로 이렇게 생각하였어.
'말로만 듣던 도깨비인 모양이구나!'
맞아! 시커먼 물체는 진짜 도깨비였어. 도깨비가 예의 바르게 물었어.
"며칠 전, 당집 안에서 방망이를 잃어버렸어요. 혹시 총각이 그 방망이를 가지고 있지 않습니까?"
총각은 거짓말을 못하는 사람이야.
"그렇소. 그걸 내가 주워 가지고 왔소."
그러자 도깨비가 발을 한 번 깡충 구르며
"아이고, 이제야 찾았군." 하고 혼잣소리를 하더니,
"사실은 그 방망이를 찾으러 왔습니다." 하고 꾸벅 고개를 숙이는 거야.
"그게 뭐 대단한 물건이기에 한밤중에 찾으러 왔소?"
도깨비도 총각처럼 거짓말을 못하는 모양이야.
"우리에겐 없으면 안 되는 귀한 보물입니다. 그게 없으면 우리는 아무것도 못하지요. 돌려주시면 당신이 평생 먹고 살 수 있도록 보답하겠습니다. 제발 방망이를 돌려주십시오."
총각은 두말없이 방망이를 도깨비한테 돌려주었어. 자기한테는 아무짝에도 쓸모없는 물건이니까 말이야. 도깨비는 방망이를 덥석 받아 가슴에 끌어안더니,
"아이고, 고맙습니다. 며칠 뒤에 다시 찾아오겠습니다."
하고는 바람처럼 사라져 버렸어.
며칠이 지났어. 한밤중에 바깥에서 시끌시끌 소리가 들려오더래. 총각은 잠을 자다가 벌떡 일어나 밖으로 나가 보았어. 도깨비들이 끙끙거리며 마당에 무엇인가를 부려 놓고 있었어. 자세히 보니 그건 쌀가마니였어.
쌀가마니가 마당에 가득가득 쌓였어. 그래서 총각은 하루아침에 큰 부자가 되었지.

5 총각이 방망이를 도깨비에게 돌려 준 까닭은 무엇인지 20자 내외로 쓰시오.

___

6 총각과 도깨비의 성격을 말해 보고, 둘의 공통점은 무엇인지 쓰시오.

총각:

도깨비:

공통점:

02 새로운 문물의 수용과 자주독립

① 외세의 침략과 조선의 개항

1 다음 글을 읽고, 흥선 대원군이 서양 세력의 위협에 개항을 하지 않고 나라의 문을 닫은 까닭은 무엇인지 쓰시오.

> 조선의 바다 곳곳에 이양선이 등장하면서 불안감은 커졌다. 이 시기 정치에 나선 흥선 대원군은 서양 세력의 위협에 나라의 문을 닫고, 우리 힘을 키우는 것이 먼저라고 생각하게 되었다.

2 다음 글에서 흥선 대원군이 약해진 조선을 바로 세우기 위해 어떻게 해야 한다고 생각했는지 쓰시오.

> 흥선 대원군은 세도 정치로 인해 조선이 기울어 가는 것을 안타까워하였다. 그는 서양 세력의 위협을 이겨 내고, 세도 정치로 인해 약해진 조선을 바로 잡으려면 왕권을 강화해야 한다고 생각하였다.

2 자주 독립을 위한 노력, 대한 제국

3 다음 내용들 중 관계가 있는 것끼리 연결하시오.

(1) 갑신정변 •　　　　　• ㉠ 전봉준

(2) 동학 농민 운동 •　　　　• ㉡ 김옥균

(3) 갑오개혁 •　　　　　• ㉢ 김홍집

4 다음 글을 읽고, 대한 제국의 수립이 어떤 의미를 지니는지 쓰시오.

⬆ 고종

　독립 협회를 중심으로 자주독립에 대한 열기가 높아지자, 고종은 러시아 공사관에서 경운궁(덕수궁)으로 돌아와 환구단에서 황제 즉위식을 올리고 국호를 대한 제국으로 하였다. 고종 황제는 대한 제국 수립으로 우리나라가 근대적인 자주독립 국가로 출발했음을 세계에 알리고자 하였다.

3 국권 상실과 민족의 수난

5 다음 글을 읽고, 을사조약이 맺어지자 우리 민족이 어떻게 대응했는지 두 가지를 쓰시오.

> 고종 황제의 거부에도 불구하고 일본에 외교권을 빼앗기는 이른바 을사조약이 맺어졌다. 이에 우리 민족은 일제의 침략을 규탄하는 을사조약 반대 운동과 일제에 대항한 의병 운동을 여러 곳에서 활발히 전개하였다.

6 '일본 제국주의'의 줄임말로 당시 자기 나라의 이익을 얻기 위해 많은 나라를 침략한 일본을 일컫는 말을 위 글에서 찾아 쓰시오.

7 일제가 우리나라를 지배하기 위해 설치하였던 최고의 행정 관청으로 입법, 사법, 군사권 등 절대적 권한을 가진 식민 통치 기구는 무엇인지 쓰시오.

4 주권 수호와 독립운동의 전개

8 의병장으로 국내외에서 항일전을 전개하였던 사람으로 이토 히로부미를 사살하여 민족 독립의 의지를 보여 준 사람은 누구인지 쓰시오.

＊ 다음 글을 읽고, 물음에 답하시오.

> 우리 민족은 나라의 위기를 국민의 힘으로 극복하고자 하였다. 여러 분야에서 민족의 힘을 키우기 위한 계몽 운동이 전개되었다.
> 계몽 운동가들은 학교를 세워 민족정신과 민족의식을 키우고자 하였다. 한편 황성신문과 대한매일신보를 비롯한 언론도 일제의 침략을 폭로하고 국민을 계몽하여, 항일 의식을 높이는 데 큰 역할을 하였다.

9 계몽 운동을 전개한 이유는 무엇인지 쓰시오.

10 계몽 운동을 전개하기 위한 활동 두 가지를 위 글에서 찾아 쓰시오.

04 태양계와 별

❶ 태양계의 구성

1 태양의 주위를 도는 8개의 행성을 모두 쓰시오.

　

2 행성 중에서 태양과 지구 사이에서 태양 주위를 도는 행성으로는 무엇이 있는지 쓰시오.

　

3 아래의 그림과 같이 태양 주위를 돌아서 멀리 갔다가 다시 돌아오는 별을 무엇이라고 하는지 쓰시오.

4 태양이 중요한 까닭은 무엇인지 쓰시오.

2 태양계 행성의 크기

* 다음 표를 보고, 물음에 답하시오.

• 지구의 반지름을 1로 보았을 때, 태양과 각 행성의 반지름

명칭	반지름	명칭	반지름	명칭	반지름
태양	109	지구	1	토성	9.4
수성	0.4	화성	0.5	천왕성	4.0
금성	0.9	목성	11.2	해왕성	3.9

5 태양과 행성 중 가장 큰 것과 작은 것은 각각 무엇인지 쓰시오.

(1) 가장 큰 것 : _____

(2) 가장 작은 것 : _____

6 지구와 크기가 가장 비슷한 행성은 무엇인지 쓰시오.

_____

7 행성 중에서 지구보다 큰 것과 작은 것을 나누어서 쓰시오.

(1) 지구보다 큰 행성 : _____

(2) 지구보다 작은 행성 : _____

8 태양과 행성의 크기를 보면서 알 수 있는 점을 쓰시오.

_____

※ 들어가기 전에 – 이 책은 다양한 개성적인 반응과 답변을 유도하는 데 목적이 있으므로, 단 하나의 유일한 정답이 없는 문항들도 많습니다. 그러므로 〈정답의 방향〉을 가늠하는 참고 자료로 활용해 주시기 바랍니다.

week 01 발상사고혁명
모두 모두 행복하게
05 쪽

상대적 사고를 하자

01 가난 구제는 나랏님도 못한다?

1 언제나 다른 사람들과 비교를 하기 때문에 / 다른 사람이 가진 것을 나는 못 가지면 가난하다고 생각하기 때문에 / 부족한 것 없이 살아도 나보다 부자를 부러워 하기 때문에

2 절대적 빈곤이 더 불행하다. 굶어 죽을 수도 있기 때문이다. / 상대적 빈곤이 더 불행하다. 항상 비교하는 것은 영원히 행복할 수 없다. / 아무도 안 불행하다. 가난하다고 다 불행한 건 아니고 부자라고 다 행복한 것도 아니기 때문이다.

G·U·I·D·E 상대적 빈곤보다 절대적 빈곤이 훨씬 더 괴롭다는 것을 알려줍니다. 얼마 전 절대적 빈곤으로 인해 부모가 자식과 동반 자살한 사건 같은 것을 예로 들면서 얼마나 힘들었으면 그렇게까지 했을까? 하는 사고를 키워 주도록 합니다.

3 중산층인 김씨 부부의 딸아이가 학교에서 한 불우이웃돕기에서 가난한 아이라고 결정되어 성금을 받게 되었다는 것에 충격을 받고

4 밥을 못 먹는 사람 / 집이 없는 사람 / 떨어진 옷을 입고 다니는 사람 / 돈이 없어 병원에 못 가는 사람

G·U·I·D·E '거지'라고 한 단어로 떨어지는 답은 '거지=가난한 사람'이므로 이런 경우에는 거지란 어떤 사람인가를 말하게 합니다.

02 빈익빈 부익부

1 가난한 사람은 계속 가난하고 부자인 사람은 계속 부자인 것 / 가난한 사람은 더 가난해지고 부자인 사람은 더 부자가 되는 것

2 더 열심히 일한다. / 무슨 일이 있더라도 공부를 포기하지 말아야 한다. / 사회에서 가난한 사람들을 지원해서 잘 살게 해야 한다.

03 빈부격차를 해소해야지

1 일자리 창출, 부동산값 안정, 공정한 세금, 사회 보장 확대, 공평한 교육 기회 등

2 부자면서 세금 안 내는 사람을 조사해서 세금을 많이 거둔다. / 가난한 사람에게는 무료로 학교를 다니게 해 준다.

／ 재산이 많은 사람은 자식들에게 일정 부분 이상 상속하지 못하게 한다.
G·U·I·D·E 선진국에서는 부자들에게 많은 세금을 물리고 가난한 사람들의 생활을 지원해 주는 사회보장제도가 잘 되어 있단다. 모든 사람이 함께 잘 살게 하자는 의도에서 그렇게 하지.

3 모두 모두 행복하고 좋은 환경에서 살기 위해 ／ 아무리 열심히 일해도 누구는 못살고 누구는 잘살고 이런 차이가 생기게 되면 국민들간의 화합이 안되기 때문에

4 사회에서 벌어들인 돈은 사회로 환원해 사회 복지를 위해 모두 사용하여야 한다.
G·U·I·D·E 우리나라의 재벌이나 부자들과 달리 외국의 부자들은 항상 많은 돈을 사회에 기부하기 때문에 사람들로부터 존경을 받지. 이 지문에 나온 경주 최 부자집은 이런 좋은 일을 했기 때문에 도적이 들끓을 때도 피해를 입지 않을 수 있었어. 가난해서 도적이 된 사람들이지만 최 부자집이 다른 부자들과 달리 좋은 일을 한 것을 존경했기 때문이야.

5 세상은 혼자 사는 게 아니다. 같이 나눠 가며 살아야 한다. ／ 다른 나라의 부자들을 좀 본받아라. ／ 부자일수록 나눠 갖는 마음도 커야 한다.

6 종업원 지주제, 교육사업, 회사 주식 공익단체에 기증
G·U·I·D·E 유일한은 전 재산의 사회 환원을 실천한 훌륭한 기업가야. 사회의 지도적 위치에 있고, 부를 가진 자라면 사회에 무엇을 해야 하는지 알고 있는 사람이었지. 종업원 지주제란 기업이 회사의 종업원에게 특별한 조건과 방법으로 회사의 주식을 분양해서 소유하게 하는 제도로 사원들이 회사의 주인이 되지. 회사의 이익을 사원들이 골고루 나누어 가지는 거야.

7 부모님을 존경하며 그 뜻에 따른다. ／ 내 몫을 남겨 달라고 한다. ／ 그러지 말아 달라고 한다. ／ 별로 신경쓰지 않는다.

발상 사고 혁명
만약에…

1 엄마 아빠한테 드린다. ／ 세계 일주 여행을 간다. ／ 불쌍한 사람들에게 기부한다.
G·U·I·D·E '내가 백만장자가 된다면….' 같은 상상의 이야기로 기발한 상상을 하도록 유도합니다.

week 02
교과서 논술 01
나눔의 기쁨
13쪽

내 눈으로 보는 교과서
01 사과하는 글의 특성을 알아 봐요

1 ②
G·U·I·D·E 사과하는 글에는 잘못한 점에 대하여 진심을 담아야 하며, 내 마음을 헤아리는 것이 아니라 상대방의 마음을 헤아려 사과하는 내용이 들어가야 합니다.

2 말로 하기가 쑥스러울 때 / 직접 말하기 어려울 때 등
G·U·I·D·E 말로 하기가 쑥스럽거나 직접 말하기 어려울 때, 자신이 잘못한 까닭을 자세히 설명하여야 할 때 등이 있습니다.

3 ②
G·U·I·D·E (가)는 지은이가 어머니께 화를 내서 죄송하다고 편지 형식으로 쓴 사과하는 글입니다. 지은이는 친구와 말다툼을 하여 화가 나서 가족에게 화를 냈기 때문에 잘못했다고 어머니께 사과하고 있습니다.

4 일부러 발을 건 줄 오해하고 화를 낸 것
G·U·I·D·E (나)는 용성이가 우현이에게 쓴 사과하는 내용의 쪽지글인데, 우현이가 일부러 발을 건 줄 오해하고 화를 내서 미안하다고 하고 있습니다.

5 ①
G·U·I·D·E 사과하는 글을 쓸 때에는 상대방의 마음을 헤아려 써야 합니다. 따라서 ㉠에 들어갈 말로 알맞은 것은 '많이 속상하셨지요?' 정도가 알맞습니다.

열린교과서

1 나는 그것을 발견했도다.
G·U·I·D·E 유레카는 그리스어로 '나는 그것을 발견했도다'라는 뜻인데, 지금은 주로 '아이디어 개발'이나 '발명의 성취'를 상징하는 말로 쓰입니다.

2 구양수는 말 위, 침대 위, 변기 위에서, 칸트는 산책을 통해 아이디어를 구상했다.
G·U·I·D·E 중국 북송의 정치가인 구양수는 삼상(三上), 즉 말 위, 침대 위, 화장실 변기 위에서 아이디어를 구상했으며, 철학자 칸트는 늘 산책을 하면서 새로운 아이디어를 얻었습니다.

02 서평을 활용하여 필요한 책을 읽어요

1 책의 내용을 짐작할 수 있다.
G·U·I·D·E "엄마는 파업 중"이라는 책의 내용을 간략히 소개해 줌으로써 책의 내용을 짐작하게 해 줍니다.

2 ③
G·U·I·D·E 서평을 통해 책의 내용이 엄마가 파업을 하자 가족들이 집안일을 하면서 어려움과 고마움을 느낀다는 것임을 알 수 있습니다.

3 어머니에 대한 고마움
G·U·I·D·E 어머니의 파업으로 가족들이 어머니가 하던 일을 실제로 해 봄으로써 어머니에 대한 고마움을 느끼게 되었습니다.

4 ④

G·U·I·D·E 책의 서평은 그 책의 가치를 짐작할 수 있게 하고, 책을 읽을지 판단하는 기준이 되며, 책에 대한 여러 가지 정보를 알 수 있으며, 다른 사람들이 그 책을 어떻게 평가하는지 알 수 있게 합니다. 그러나 글쓴이에 대한 호기심 해결은 서평의 기능과는 거리가 멉니다.

5 ④

G·U·I·D·E 이 책에 소개된 전래 놀이가 워낙에 옛날이야기를 하고 있어 요즈음 아이들에게 낯설 수가 있으며, 책에 실려 있는 동화도 그 시절 아이들 놀이 모습을 있는 그대로 그렸기 때문에 재미없게 느껴질 수 있다고 하였습니다. 그런데 어른들이 할 수 있는 놀이 중심으로 되어 있다는 내용은 이 글에 제시되어 있지 않습니다.

6 그네타기, 시소타기, 정글짐 오르기, 모래 장난, 노래 부르기

G·U·I·D·E 맞벌이하던 민휘의 어머니가 밀린 집안일을 하는 동안 아버지와 민휘는 놀이터로 나가 그네나 시소를 타기도 했고, 정글짐에 오르기도 했으며 신발을 벗고 모래 장난도 했고, 함께 노래를 부르기도 했습니다.

7 이 책에 실린 동화의 소재들이 요즈음 아이들에게 전래 놀이에 대한 관심과 흥미를 불러일으키기 때문에

G·U·I·D·E 컴퓨터 게임과 놀이 시설에 길들여진 요즈음 아이들에게 전래 놀이에 대한 관심과 흥미를 불러일으킬 수 있다는 장점이 있다고 하였습니다.

열린교과서

1 악어는 큰 먹이를 한꺼번에 삼키게 되면 눈물샘이 눌리게 돼 눈물을 흘리기 때문에

G·U·I·D·E 악어는 자기 입보다 큰 먹이를 한꺼번에 삼키고 나서 숨을 급하게 들이쉬는 습성이 있는데, 이때 눈물샘이 눌리게 돼 마치 먹이를 먹으면서 눈물을 흘리는 것처럼 보입니다.

2 ④

G·U·I·D·E ㉠에는 '한 가지의 것이 이런 것도 같고 저런 것도 같아 어느 한 쪽으로 결정짓기 어려운 일을 두고 하는 말'인 '코에 걸면 코걸이, 귀에 걸면 귀걸이'가 들어가기에 가장 적절합니다. ① 아무리 재주가 있다 하여도 그보다 나은 사람이 있는 것이니 너무 자랑하지 말라는 뜻 ② 겉모양이 좋으면 속의 내용도 좋다는 뜻 ③ 내가 남에게 좋게 해야 남도 내게 잘 한다는 말 ⑤ 모든 일은 원인에 따라 결과가 생긴다는 말

03 서평을 읽고 어떤 책인지 짐작해 봐요

1 동시 쓰기를 어려워하는 어린이 또는 어린이들의 순수함을 느끼고 싶어 하는 어른 등

G·U·I·D·E 동시집 추천 대상으로는 동시 쓰기를 어려워하는 어린이나 어린이들의 순수함을 느끼고 싶어하는 어른들이 알맞습니다.

2 어린이들의 마음을 읽을 수 있을 뿐만 아니라 '나도 동시를 쓸 수 있겠다.'라는 생각

G·U·I·D·E 이 동시집을 읽으면 어린이들의 마음을 읽을 수 있을 뿐만 아니라 '나도 동시를 쓸 수 있겠다.'라는 생각이 든다고 하였습니다.

3 ④
G·U·I·D·E "새들은 시험 안 봐서 좋겠구나"란 표현에는 어린이들이 자신만의 이야기로 동시를 채워 나가고 있기 때문에 생활 속에서 느낀 어린이들의 생각과 감성이 생생하게 드러난다고 하였습니다. 따라서 어른들의 생활을 어린이의 눈으로 순진하게 나타냈다고 하는 것은 알맞지 않습니다.

4 살아가면서 필요한 과학적 지식이나 과학적 사고를 배우려는 아이들
G·U·I·D·E 이 책을 통해 우리 생활 속에서 천문학과 관계된 내용과 천문학의 역사를 배울 수 있으므로 '살아가면서 필요한 과학적 지식이나 과학적 사고를 배우려는 아이들'에게 추천할 수 있다고 하였습니다.

5 ⑤
G·U·I·D·E 어머니께서 아이에게 이야기하듯이 차분하면서도 다정하게 우주에 대하여 알려 준다고 하였습니다.

week 03
독서 클리닉
80일 간의 세계 일주
23쪽

떠올리며 읽어요
01 지도를 펴 봐요

1 G·U·I·D·E 우리가 흔히 보는 지도는 이 지도처럼 가운데에 태평양을 중심으로 그려진 지도입니다. 어차피 지구는 둥글기 때문에 어디를 중심으로 보아도 상관이 없으므로 우리가 보는 지도는 우리나라를 가운데 두고 우리가 세계의 중심이라고 볼 수도 있습니다. 그러나 서양에서는 대서양을 중심으로 보기 때문에 그들이 볼 때는 우리나라가 동쪽의 끝에 매달려 있는 것으로 보이므로 우리나라를 '극동'이라는 말로 부르기도 했음을 알려 주세요.

02 출발!

1 • 앤드류의 말이 맞다고 생각한다. – 앞으로 무슨 일이 일어날지는 아무도 모르는 것이다. 특히 여행 중이라면 더 그렇다.
• 포그의 말이 맞다 – 80일은 긴 시간이다. 충분히 지구를 한 바퀴 돌 수 있다.

2 1년 – 오랜 시간 동안 세계 곳곳을 다 다녀 보고 싶다. / 일주일 – 비행기로 계속 여행하면 된다.

03 아시아에서

1 신성한 사원에 기독교인이 구둣발로 들어와서 사원이 모욕당했다고 생각했기 때문에

2 그 나라의 문화를 이해하는 마음을 가지고 무시하지 않는다. / 잘 모르는 예절은 물어보거나 사전에 잘 알아봐서 예의에

어긋나는 행동을 하지 않는다. / 우리나라의 문화와 다르다고 해서 그 나라의 규칙에 따르지 않고 마음대로 행동해서는 안 된다.

G·U·I·D·E '로마에 가면 로마의 법을 따르라'는 말이 있듯이 세계 여행을 할 때는 다른 나라에 가서 그 나라의 풍습과 질서를 인정해 주는 것이 중요합니다. 내가 보기에 이상해 보인다고 우리나라의 풍습과 맞지 않는다고 인정하지 않는다는 것은 문화적 독단이나 다름없습니다. '아 이런 사람들도 있구나' 하고 생각하는 것이 바로 여행의 묘미입니다. 일례로 차도르를 쓰는 나라에서는 외국인이라도 여자는 차도르를 쓰게 합니다.

3 남편이 죽으면 부인을 불태우는 의식

4 찬성한다. 아무리 풍습이 중요하다고 해도 사람의 목숨보다 귀중한 것은 없다. 죄없는 사람을 죽이는 일은 있어서는 안 된다. / 반대한다. 그 나라의 풍습에는 나름대로 이유가 있을 것인데 자기네 기준에서 무조건 야만스럽다고 하는 것은 문제가 있다.

G·U·I·D·E 문화 상대주의를 이해하는 차원에서 반대의 입장도 있을 수 있다는 것을 이해하도록 지도해 주십시오.

04 아메리카에서

1 영국이나 프랑스에서는 볼 수 없는 넓은 들과 산이 끝없이 펼쳐져 있었기 때문에 / 자기네 나라와 다른 풍경이 신비하고 새로워서

2 디즈니랜드 – 놀이기구를 마음껏 타고 싶다. / 헐리우드 – 유명한 영화배우를 보고 싶다 / 뉴욕 – 자유의 여신상을 보러 가고 싶다. / 위싱턴 – 백악관 앞에서 사진 찍고 싶다. / 플로리다 – 친척이 그곳에 살기 때문에

3 범선 이외에 다른 배가 있는지 알아보고 타고 간다. / 먼저 떠난 배에 전보를 띄워 천천히 가도록 한 후 범선을 타고 쫓아간다.

4 지방에 살 때 엄마랑 서울에 가기로 했는데 기차를 놓쳐서 택시로 다음 역까지 가서 기다렸다가 기차를 타고 갔다. / 의정부에서 서울역까지 한 번에 가는 기차를 놓쳐서 할 수 없이 지하철을 타고 갔다.

05 도착!

1 동쪽으로 여행을 했기 때문에 날짜 변경선을 지나서 생각지도 않게 하루의 시간을 벌게 되었다. 그래서 늦지 않고 제시간에 들어올 수 있었다.

2 사람들의 비웃음을 한몸에 받았을 것이다. / 약속을 못 지켜 스스로 괴로워했을 것이다. / 자신의 선택을 후회했을지도 모른다.

3 이집트의 카이로와 파리와 런던에 가 보고 싶다. / 네덜란드 안네의 집과 러시아의 겨울궁전에 가 보고 싶다. / 인도의 타지마할과 갠지스 강, 캄보디아의 앙코르와트 사원에 가 보고 싶다. / 카리브 해의 청록색 바다를 보고 싶다. / 잉카와 마야 유적지에 가 보고 싶다.

독서 클리닉 plus
여행을 떠나요

여행 기간 : 1월 15일~1월 30일(14박 15일)
여행지 : 유럽 일대(영국, 프랑스, 독일)
여행하는 사람 : 아빠, 엄마, 오빠, 나
준비물 : 지도, 옷가지, 여권, 카메라, 세면품, 라면 조금, 수건 세 장씩, 속옷, 모자, 선글라스, 환전한 돈 등
예상 경로 : 프랑스 루브르 박물관→독일 베를린 장벽→스위스 알프스 산
여행의 목적 및 주의 깊게 볼 것 : 루브르 박물관에서 유명한 미술품을 잘 본다.(가기 전에 미리 자료를 찾아 본다.) 독일 베를린 장벽에서 우리나라도 어떻게 하면 통일을 이룰 수 있을지 생각해 본다.
알프스의 경치를 감상하고 사진도 많이 찍어온다.

G·U·I·D·E 스스로 가 보고 싶은 곳을 선정해 실제로 가는 것처럼 세심하고 꼼꼼하게 여행 계획서를 써 보게 지도합니다.

week 04
교과서 논술 02
우리가 사는 세상
33쪽

내 눈으로 보는 교과서
01 발표할 때에 주의할 점을 생각해 봐요

1 (1), (2), (4)
G·U·I·D·E 발표를 할 때에는 말하는 이와 듣는이의 관계, 발표 장소와 방법, 주제와 발표 내용의 관계 등에 주의하여야 합니다.

2 민정이는 자신의 생각을 근거를 들어 똑똑히 잘 말하였다.
G·U·I·D·E 민정이는 공자의 말을 인용하여 '공부를 하는 까닭'을 '앞날에 대비하여 미리 준비하기 위해서'라고 말하고 있습니다. 이와 같이 자신의 생각에 대해 알맞은 근거를 드는 것은 매우 효과적입니다.

3 우리가 공부를 해야 하는 까닭
G·U·I·D·E 수영이의 '저는 지금 왜 공부를 해야 하는 건지 모르겠어요……'와 민정이의 말을 통해 토의의 주제가 '우리가 공부를 해야 하는 까닭' 정도임을 알 수 있습니다.

4 ②
G·U·I·D·E 김대성과 주성길은 토의에 집중하지 않고 다른 사람의 발표를 방해해서 사회자에게 발표에 집중할 것을 주의받고 있습니다.

열린교과서
1 일회용 용품을 자주 쓰는 것, 분리 수거를 하지 않고 쓰레기를 버리는 것, 자연을 훼손하거나 자원을 함부로 낭비하는 것 등

2 ③
G·U·I·D·E 이 글은 자연의 순리를 거스르지 않고 검소한 생활을 하며 모든 자원을 아껴 쓰고 재활용하는 우리 조상들의 지혜로운 생활에 대해 쓴 글입

니다. 따라서 이웃과 사이좋게 지내는 것은 해당하지 않습니다.

02 사건이 일어난 당시의 현실을 생각하며 글을 읽어 봐요

1 ④
G·U·I·D·E '바람 앞의 등불'은 매우 위태로운 처지에 놓인 신세를 의미합니다. ① 아무렇지도 않은 일을 공연히 스스로 건드려서 걱정을 일으켰을 때에 쓰는 말 ② 여럿 속에 어울리지 못하는 사람을 이르는 말 ③ 넓은 세상의 형편을 모른다는 뜻 ⑤ 우연히 갔다가 의외로 공교로운 일을 만났을 때 쓰는 말

2 초원에서 생활하는 몽골군과 맞서 싸우기에는 바다로 둘러싸인 섬이 더 유리하기 때문에
G·U·I·D·E 강화도는 바다로 둘러싸인 섬이므로 말을 잘 타고 초원에서 생활하는 몽골군에 맞서 싸우기에는 유리한 장소라고 생각했기 때문입니다.

3 ②
G·U·I·D·E 몽골군의 침입으로 불타 버린 대장경을 복원하는 것은 두터운 불심으로 백성들의 마음을 모으고 백성들이 뭉쳐 몽골군을 물리치기 위해서입니다.

4 ①
G·U·I·D·E 거란군의 침입은 당시 몽골군이 침입하기 훨씬 전으로, 그때도 대장경을 만들어 모든 백성들이 힘을 합하여 거란군을 물리칠 수 있었습니다.

열린교과서
1 일본의 침략에 대한 수호와 신라 왕조의 안녕을 빌기 위하여

2 ④
G·U·I·D·E 석굴암의 석굴은 백색의 화강암을 사용하여 토함산 중턱에 인공으로 만들었다고 하였으므로 자연적으로 이루어진 석굴이 아닙니다.

03 당시의 현실과 사건의 관련성을 파악해 봐요

1 나라의 대표자를 뽑거나 중요한 일을 결정하는 국민의 의무이자 소중한 권리 / 누구나 공평하게 선거나 투표에 참여할 수 있는 권리

2 ②
G·U·I·D·E 당시 영국에는 남성들에게만 참정권이 주어졌는데, 메리 울스턴크래프트는 여성에게도 법적으로 동등한 권리, 즉 참정권을 부여해야 한다고 주장하였습니다.

3 여성은 오로지 아내와 어머니의 역할만 충분히 하면 된다는 생각
G·U·I·D·E 그 당시 영국은 남성 중심의 사회로서 여성은 아내와 어머니의 역할을 충실히 하며 살아가면 된다고 생각했기 때문에 여성에게 참정권을 주지 않았습니다.

4 남성 중심의 사회에서 받아들이기 어려운 주장이었기 때문에
G·U·I·D·E 그 당시 사회 상황은 남성 중심의 사회로서 여자들은 제대로 대접을 받지 못하였습니다. 따라서 남성과 동등하게 여성의 참정권을 인정하자는

주장은 생각할 수 없는 일이었기에 수많은 남성들이 비난을 한 것입니다.

5 ②
G·U·I·D·E '여성사회정치연합'은 여성의 참정권을 위한 활동을 한 단체로서, '여성도 남성과 같이 동등한 권리를 가질 수 있다.'는 주장을 했을 것입니다.

6 여성과 남성이 참정권을 얻는 나이가 달랐기 때문에
G·U·I·D·E 남성은 스물한 살에 참정권을 얻는 데 비해 여성은 서른 살이 되어야 선거에 참여할 수 있도록 하였기 때문에 차별이 있음을 의미합니다.

열린교과서

1 ②
G·U·I·D·E 먼 옛날 수렵과 채집 등으로 생계를 유지하며 생활하던 모계 사회에서는 여성의 지위가 남성보다 높았습니다.

2 과부의 재혼을 법으로 금했다. 여성들의 외출이 자유롭지 못했다. 부모가 자식에게 재산을 물려 줄 때 차별받았다. 제사에 참여하지 못했다 등
G·U·I·D·E 조선이 건국되고 유교 사상이 등장함에 따라 여성들은 남성들에 비해 여러 방면에서 사회적 차별을 받았습니다.

week 05
영재 클리닉 01
개화와 국권 상실, 그리고 독립운동
43쪽

교과서 탐구
외세의 침략과 조선의 개항

1 (1) 병인양요 : 프랑스
(2) 신미양요 : 미국
G·U·I·D·E 조선 후기에 있었던 외세의 침략 중, 병인양요는 프랑스가, 신미양요는 미국이 침략한 것입니다. '병인'과 '신미'는 사건이 일어난 해를, '양'은 '서양'을, '요'는 '소요', 즉 '여럿이 떠들썩하게 들고일어난 일'을 뜻합니다.

2 ⑤
G·U·I·D·E 병인양요와 신미양요는 통상을 요구하는 프랑스와 미국에 맞서 조선이 대항한 사건으로, 두 나라의 통상 요구를 조선이 받아들이지 않았습니다.

3 ②
G·U·I·D·E 강화도 조약은 일본에게만 유리하고, 조선의 권리는 나타나 있지 않은 불평등 조약입니다.

4 조선을 개항시키고자 했기 때문이다.
G·U·I·D·E 일본이 운요호 사건을 일으키고 그것을 빌미로 강화도 조약까지 맺은 것은 조선을 개항시키고자 한 의도가 있습니다.

5 별기군

6 (1) 임오군란 : 구식 군인
(2) 갑신정변 : (김옥균을 비롯한) 개화파
G·U·I·D·E 임오군란은 구식 군인들이 신식 군대와의 차별 때문에 일으킨 난이고, 갑신정변은 조선의 개화를 목적으로 하는 개화파들이 시도한 개혁입니다.

7 ②, ⑤
G·U·I·D·E 임오군란이 청나라 군대에 의해 진압됨으로써 조선은 청나라의 간섭을 받게 되었으며, 나라의 자주권이 위협받게 되었습니다.

8 탐관오리들의 횡포가 계속되었기 때문에
G·U·I·D·E 동학은 주로 농촌을 중심으로 퍼져 나갔는데, 이는 탐관오리들의 횡포로 인해 농민들의 생활이 더욱 어려워졌기 때문입니다.

9 전봉준

10 ①
G·U·I·D·E 조선 조정에서 청나라에 구원병을 요청한 것은 동학 농민군을 진압하기에 조선 군대의 힘이 약했기 때문입니다.

11 을사조약

12 1910년

13 군대 해산 이후에 일부 군인이 의병에 참여해서
G·U·I·D·E 항일 의병의 전투력이 강화되고 조직적인 활동을 전개할 수 있었던 것은 해산된 조선 군대의 군인들이 의병 활동에 가담했기 때문입니다.

14 이토 히로부미가 우리나라 침략에 앞장섰기 때문에
G·U·I·D·E 안중근 의사가 이토 히로부미를 사살한 것은 이토 히로부미가 우리나라를 침략하는 데 앞장 선 인물이기 때문입니다.

Step by Step
01 을사조약의 체결

1 (1) 대한 제국의 황제 : 고종
(2) 조선에 파견된 일본 사람 : 이토 히로부미

2 조선과 일본의 평화와 동양의 평화가 유지될 것이기 때문에
G·U·I·D·E 일제는 조선에게 을사조약을 맺을 것을 요구하면서 허울 좋은 이유로 을사조약이 조선과 일본 양국의 평화와 더 나아가 동양의 평화를 위해서라는 점을 제시하고 있습니다.

3 정부 대신들과 의논하라며 승인을 거부했다.
G·U·I·D·E 대한 제국의 황제였던 고종은 일제의 의도를 알아채고 을사조약의 승인을 거부했습니다.

02 윤봉길·이봉창 열사의 의거

1 일제의 조선 침략이 잘못되었음을 알리기 위해
G·U·I·D·E 두 의사가 자신의 목숨을 바쳐서라도 알리고자 했던 것은 일제의 조선 침략이 잘못되었음이었습니다.

2 ②
G·U·I·D·E 두 의사의 의거는 여러 의미가 있지만, 폭탄의 위력을 보여 준 것은 그 의미라고 보기 어렵습니다.

03 3·1 운동

1 ①
G·U·I·D·E 3·1 운동은 서울을 비롯

해 전국에서 3월 1일날 일제히 일어나 5월말까지 계속되었다고 했습니다.

2 종교 조직을 통하여 사전 준비가 철저히 되었기 때문이다.

3 일제가 평화로운 만세 운동에 대해 무차별 사격을 가하는 등 무력으로 진압하였기 때문이다.
G·U·I·D·E 당초 3·1 운동은 평화롭게 진행되다가 일제가 무력을 사용하자 그에 대항하기 위해 무력적인 저항으로 바뀌게 되었습니다.

내 눈으로 보는 교과서
01 주장에 알맞은 근거 마련하기

1 ④
G·U·I·D·E 하늘초등학교 주변에 건물을 새로 짓고 있어 소음이 발생하는 것을 문제점으로 생각하고 있습니다. 소음 때문에 수업에 집중하지 못하고 선생님 또한 목소리를 높이느라고 목이 쉴 정도로 피해가 크다고 했습니다.

2 건물이 들어서서 음식점과 상가가 생기면 동네 사람들의 생활이 편리해지기 때문에
G·U·I·D·E 동네에 상가가 부족하여 일부러 먼 곳까지 물건을 사러 가야 할 때가 많은데, 건물이 들어서면 음식점과 상가가 생겨 동네 사람들의 생활이 편리해질 수 있다고 했습니다.

3 아파트에서 애완동물을 기르지 말자.
G·U·I·D·E 아파트에서 애완동물을 기르지 말자는 의견을 알리고 있는 공고문입니다.

4 ②
G·U·I·D·E ②를 제외한 나머지는 모두 '애완동물을 기르지 말자.'는 글쓴이의 의견을 뒷받침하는 근거입니다. 그러나 ②는 '애완동물을 기르면 좋은 점'이므로 글쓴이의 의견에 반대하는 주장의 근거가 됩니다.

5 애완동물을 깨끗하게 잘 관리하면 문제가 없기 때문에 반대한다.
G·U·I·D·E 글쓴이의 의견과 반대되는 의견은 '애완동물을 키워도 된다.'이므로 그에 대한 근거로는 '애완동물을 깨끗하게 잘 관리하면 문제가 없으므로 키워도 된다.'가 알맞습니다.

열린교과서

1 꼭 필요한 공공시설이지만 자신이 사는 곳에 설치하는 것은 기피하는 현상
G·U·I·D·E 님비 현상이란, 유해 시설(쓰레기 매립장, 핵 폐기물 처리장, 화장장, 장애인 복지 시설 등) 설치를 기피하는 현상으로 '자신이 사는 곳에는 핵 폐기장, 쓰레기 소각장, 장애인 시

설, 화장장 등이 생기면 절대 안 된다'라는 뜻을 가진 지역 집단 이기주의 현상을 말합니다.

2 ③
G·U·I·D·E 님비 현상은 산업 폐기물·범죄자·마약중독자·쓰레기 매립장 등의 수용·처리 시설의 필요성에는 원칙적으로 찬성하지만 자기 주거 지역에 이러한 시설들이 들어서는 데는 강력히 반대하는 지역 이기주의로 공공정신의 약화 현상이라 볼 수 있습니다. 따라서 '공공시설의 필요성은 님비 현상과 직접적으로 관련이 없습니다.

02 인물의 삶과 시대 상황의 관계를 이해해 봐요

1 ③
G·U·I·D·E 폴란드가 러시아의 지배를 받는 상황으로 인해 자기 나라인 폴란드의 역사를 몰래 배워야만 했기 때문에 투팔스카 선생님과 학생들은 슬픈 마음이 들었을 것입니다.

2 폴란드
G·U·I·D·E 그 당시 폴란드는 러시아의 지배를 받고 있었으므로 러시아의 장학관이 '이 신성한 러시아'라고 표현한 곳은 '폴란드'를 의미합니다.

3 ④
G·U·I·D·E 러시아인 장학관의 질문에 학생들을 대표하여 어쩔 수 없이 러시아 말로 대답하였던 마냐는 나라를 빼앗긴 슬픔과 자기 나라의 말과 역사를 배우지 못하는 현실에 대한 설움을 느꼈을 것입니다.

4 ①
G·U·I·D·E 당시 폴란드는 러시아의 지배를 받고 있었기 때문에 폴란드 역사 교육을 금지시켰으며, 폴란드인 교사들은 러시아 정부가 시키는 대로 수업을 해야만 했습니다.

5 폴란드인 교사들이 러시아 정부가 시키는 대로 학생들을 지도하고 있는지 살펴보기 위해서
G·U·I·D·E 당시 폴란드는 러시아의 지배를 받고 있었는데, 러시아 관리들은 폴란드인 교사들이 러시아 정부가 시키는 대로 학생들을 지도하고 있는지 종종 살펴보러 왔습니다.

열린교과서

1 ⑤
G·U·I·D·E 당시의 얼음은 주로 궁중에서 제사나 주요 행사 등에만 사용할 정도로 귀했으므로 일반 서민들은 구경조차 할 수 없었습니다.

2 제사나 주요 행사 등
G·U·I·D·E 궁중에 설치한 얼음 창고를 내빙고라 하였는데, 보관된 얼음은 5~9월까지 떨어져서는 안 되었습니다. 이러한 얼음은 주로 궁중에서 제사나 주요 행사에 사용되었습니다.

03 전기문을 읽고 인물의 가치관을 파악해 봐요

1 ②
G·U·I·D·E 주시경이 살았던 당시에는 양반은 한문으로 공부하고, 한문을

알아야 학식이 있다고 생각했으므로 우리글은 양반들 위주로 썼던 글자와는 거리가 멉니다.

2 맑은 물이 고여 있는 커다란 샘
G·U·I·D·E '한힌샘'은 주시경의 순우리말 이름으로, '한'은 '크다', '힌'은 '희고 맑다', '샘'은 '땅에 물이 고여 있는 자리'라는 뜻입니다. 따라서 '한힌샘'은 '맑은 물이 고여 있는 커다란 샘'으로 풀이할 수 있습니다.

3 ⑤
G·U·I·D·E ㉠, ㉡, ㉢, ㉣에서 우리글과 말을 무시하고 한문을 높이 생각했던 당시의 시대 상황을 알 수 있습니다. ㉤은 '한힌샘'이 '맑은 물이 고여 있는 커다란 샘'이라는 순우리말 이름이므로 우리나라 사람이라면 그 뜻을 금방 알 수 있지 않느냐는 물음이므로 당시의 시대 상황을 알게 해 주는 것은 아닙니다.

4 ⑤
G·U·I·D·E 배재학당에서 영어를 접한 후 주시경이 깨달은 '신기한 사실'은 우리글도 영어처럼 소리를 적어 나타내는 글이라는 점입니다.

5 우리글을 연구하여 누구나 쉽고 빠르게 배울 수 있도록 하는 일
G·U·I·D·E 주시경은 우리글을 업신여기고 푸대접한 조상들과 글을 읽지 못하는 백성들이 많음을 안타까워했습니다. 따라서 우리글을 연구하여 누구나 쉽고 빠르게 배울 수 있도록 하겠다는 생각을 합니다.

열린교과서

1 일본에서 유래된 말이며, 돼지고기에 빵가루 등을 묻혀 기름에 튀긴 요리이다.

2 과거 일제 식민 치하의 잔재를 청산하고 되도록 일본 냄새를 줄여보자는 생각 때문에
G·U·I·D·E 일제의 잔재를 청산한다는 의미에서 시작된 '우리말 사랑' 운동과 올바른 외래어 표기법은 바람직한 것입니다. 그러나 기존의 단어를 버리는 일에만 급급할 것이 아니라, 적절한 단어를 발굴하거나 새로운 단어를 만드는 것 등과 같은 노력이 반드시 뒤따라야 할 것입니다.

week 07
영재 클리닉 02
별 하나, 나 하나
63쪽

내 눈으로 보는 교과서
태양의 가족

①: 수성　②: 금성　③: 화성
④: 목성　⑤: 토성　⑥: 천왕성
⑦: 해왕성

Step by Step
01 화성으로 간 쌍둥이

1 지구와 하루의 길이가 비슷하다는 것 / 자전축의 경사 각도가 비슷하다는 것 / 대기가 있다는 것 / 4계절의 변화가 나타난다는 것
G·U·I·D·E 화성은 오래 전부터 지구의 대안으로 과학자들에게 희망으로 떠올랐으며 상상 우주 소설이나 영화에서 화성이 등장하는 것도 이로 인한 것이라고 이야기해 줍니다.

2 화성이 지구와 비슷해서 생명체가 살고 있을지도 모른다고 생각한다. 그러면 인간도 나중에 화성에서 살 수 있을 것이라고 생각하기 때문이다.

3 화성 표면을 탐사하며 화성에 생명체가 살 수 있는지, 물이 있는지 여부를 밝혀 줄 자료를 나사로 보내는 것.
G·U·I·D·E 탐사선의 주요 임무가 무엇이고 왜 탐사선을 만들었는지부터 시작해 유추해 보도록 합니다.

4 화성을 돌아다니며 흙을 주워 모아 지구에 와서 판다. / 과연 물이 있는지 열심히 찾아본다. / 금을 그어 놓고 내 땅이라고 써 놓는다. / 외계인이 있나 없나 열심히 찾아본다.
G·U·I·D·E 상상력을 발휘해 공상 과학 소설과 같은 이야기도 해 보도록 지도합니다.

02 별 보러 가자

1 아폴로 11호를 타고 달에 가고 싶다. 그곳에 태극기를 꽂아 놓고 오겠다. / 마젤란을 타고 금성에 가고 싶다. 이유는 탐사선 중에 제일 멋진 것 같기 때문이다. / 보이저 1호를 타고 토성에 가고 싶다. 토성의 고리를 매우 좋아하는데 가까이서 내 눈으로 직접 보고 싶다. / 파이오니어 10호를 타고 목성에 가 보고 싶다. 지구보다 1320배나 크다는 목성이 얼마나 큰지 직접 보고 싶다.
G·U·I·D·E 황당무계한 대답은 창의성이 돋보일지라도 황당무계한 대답보다는 우주 탐사에 대한 필요성을 인식한 대답들, 실용적인 대답이 나올 수 있도록 지도합니다.

03 우주인이 쳐들어온다!

1 리치의 할머니가 틀었던 음악을 튼다. 그래도 안 되면 아리랑을 튼다. / 총을 들고 외계인과 싸우겠다. / 굴을 파고 들어가 숨는다. / 싸우지 말자고 잘 설득한다.
G·U·I·D·E 영화처럼 창의력이 돋보이고 신나는 대답을 할 수 있도록 유도합니다.

week 08
논술 클리닉
조기 유학에 대하여…
71쪽

내 눈으로 보는 교과서
꼼꼼하고 자세한 관찰

1 관찰할 대상을 정한다. → 무엇을 관찰

하고 어떤 지식을 얻게 될지 생각한다. → 관찰 계획을 세운다. → 자세하고 꾸준하게 관찰한다. → 관찰한 사실을 적는다. → 관찰 후의 느낌을 쓴다.

2 관찰 대상 : 아기 고양이
관찰 내용 : 부드러운 털, 동그란 눈, 짧은 다리
관찰 방법 : 사진을 자세히 보았다
생각하거나 느낀 점 : 참 귀엽다. / 안아 주고 싶다. / 수건으로 감싸서 보살펴 주고 싶다.
G·U·I·D·E 고양이에 대한 일반적인 선입견을 생각하지 말고 사진만으로 관찰할 수 있는 사실들과 느낌을 쓰도록 지도합니다.

3 사촌 동생 혜수

4 시간의 변화에 따라
G·U·I·D·E 시간을 구분하여 관찰일지를 기록한 것을 볼 때 시간에 따른 아기의 행동 변화를 지켜봤다는 것을 알도록 지도합니다.

5 화분에 심은 꽃씨 / 어머니가 식사를 준비하시는 모습 / 구름의 변화 모습 / 드라마의 내용 / 내 방의 모습 등
G·U·I·D·E 관찰은 어느 부분에 한정된 것이 아니라 자연 모습, 물건의 모습, 사회 현상 등 우리 주위의 모든 것이 대상이 될 수 있다는 것을 알도록 지도합니다.

6 관찰 대상 : 연습장
관찰 내용 : 가방 안에서 꺼내 5분 동안 관찰하였다.
관찰한 느낌 : 크기는 다른 공책들하고 거의 똑같지만 두께는 조금 두껍다. 스프링으로 종이가 고정되어 있다. 안의 종이는 옅은 녹색, 옅은 주황, 옅은 분홍의 세 가지 색깔로 구분되어 있다. 종이에는 아무 것도 쓰여 있지 않다. 앞표지에는 꿀통을 안은 푸우 그림이 그려져 있다.

7 진돗개
G·U·I·D·E 진돗개의 모습을 상상하며 글의 내용을 참고해 진돗개를 그려보도록 합니다.

논술 에너지를 쌓아라
01 사회를 살펴봐요

1 우리 사회의 문제점을 이해하고 해결책도 찾아내기 위해서

2 이라크 전쟁에 대해 관찰해 보고 싶다. – 뉴스에서 자꾸 나와서 관심이 간다. / 다이어트에 대해 관찰해 보고 싶다 – 다이어트 하는 내 친구들이 많기 때문이다.
G·U·I·D·E 주위의 아주 사소한 문제라도 관찰이 가능하다는 것을 알도록 지도합니다.

02 너도 나도 조기 유학

1 많은 학생들이 조기 유학을 떠나는 현상
G·U·I·D·E 조기 유학의 문제에 대해 얘기하고 있지만 궁극적으로는 조기 유학의 실태에 대해서 이야기하고 있습니다.

2 외국어를 쉽게 익힐 수 있고 외국의 교육 수준이 우리나라보다 높다고 생각해서

03 그들의 조기 유학

1 선진국에서 배운 지식을 모국의 발전에 쓰기 위해
G·U·I·D·E 조기 유학이라는 사회 현상을 관찰하는 데 있어서 긍정적인 효과도 있을 수 있다는 것을 충분히 이해하게 합니다. 사회 현상 관찰시 무조건 비판적인 시각으로 바라볼게 아니라 비평적인 입장에서 양쪽 면을 모두 생각해 본 뒤 자기의 생각을 정리할 수 있도록 지도합니다.

2 자기 분야에서 한국의 문화와 경제를 외국에 홍보하고 외국의 선진 기술을 들여오기 때문에

3 말도 잘 통하지 않고, 문화와 생각하는 것이 달라 잘 맞지 않았기 때문에

4 외로움을 이기지 못하고 유학 생활에 적응하지 못했다. 그리고 한국 친구들하고만 어울리며 술과 담배 같은 나쁜 것들을 가까이 했다. / 의지가 약해 공부에 열정을 쏟기보다는 쉽게 유혹에 빠졌다.

신나는 논술
조기 유학에 대하여…

저는 조기 유학을 떠나는 것에 대해 찬성합니다.

요즘은 세계가 모두 한 나라나 다름이 없습니다. 이처럼 세계화가 진행되는 시대에 세계 흐름에 발맞추려면 남들보다 더 일찍 더 멀리 뛰어야 한다고 생각합니다. 세계화 시대에서는 외국어를 잘하는 능력이 꼭 필요합니다. 그 중에서도 영어는 세계 사람들과 대화하기 위해 반드시 필요한 언어입니다. 나이가 어리면 그만큼 언어를 빨리 익힐 수 있기 때문에 조기 유학을 가서 외국 생활을 하다보면 영어나 다른 외국어를 익힐 수 있습니다. 그러면 외국어를 능숙하게 우리나라 말처럼 잘 할 수 있다는 이로운 점이 있습니다.

그리고 선진국에서 우리나라보다 앞선 훌륭한 교육을 받고 세계를 경영하는 지도자가 된다면 그것이 결국 우리나라를 빛내는 길이 될 것입니다. 그리고 세계의 지도자처럼 훌륭한 사람이 많이 나오면 우리나라의 국력도 강해질 것입니다. 이런 이유로 저는 조기 유학을 떠나는 것이 좋다고 생각합니다.

저는 조기 유학을 떠나는 것에 많은 문제가 있다고 생각하기 때문에 반대합니다.

우선 조기 유학은 학생들의 나이가 어리기 때문에 유학 생활을 견딜만한 의지를 가진 유학생들이 많지 않다고 생각합니다. 부모의 욕심 때문에 유학을 가긴 하지만 제대로 공부를 따라가지 못해 실패하는 경우가 많이 있습니다. 왜냐 하면 나이도 어린데 살던 곳을 떠나 외국으로 가게 되면 갑자기 바뀐 주위 환경에 혼란을 느끼게 되고, 부모님과 떨어져 사는 학생의 경우 외로운 환경에서 공부가 제대로 될 리가 없기 때문입니다. 그래서 실패하는 유학생들이 많이 생깁니다. 실패한 유학은 귀중한 외화만 낭비하게 됩니다.

그리고 유학을 가려면 돈이 많이 들기 때문에 가난한 사람들은 가고 싶어도 가지 못하는 경우가 생깁니다. 이것은 사회적으로 부자와 가난한 사람이 사이가 좋아지지 않는 또 하나의 이유가 됩니다.

이런 이유들로 저는 여러 문제점이 많은 조기 유학을 반대합니다.

G·U·I·D·E 1. 조기 유학에 대해 찬성하는 입장과 반대하는 입장에 대한 생각을 말하게 합니다. 2. 근거를 반드시 밝히고 타당성이 있는지 무리한 주장은 아닌지 생각해 보게 합니다.

▶내용면
① 찬성과 반대 입장을 명확히 밝혔는가.
② 근거가 정확하고 타당성이 있는가.
▶표현면
① 정해진 분량을 지시대로 지켰는가.
② 기본적인 맞춤법 및 띄어쓰기를 제대로 지켰는가.
▶학생들 스스로 독창적인 의견을 이끌어 내게 합니다. 찬성과 반대의 입장도 좋지만 각자 다 장·단점이 있다고 하는 중립적인 입장도 나쁘지는 않습니다. 주위의 의견에 휩쓸리지 않고 소신대로 생각을 펼쳐 나갈 수 있게 지도해 주시기 바랍니다.

국어 술술
04 나눔의 기쁨

1 다희가 새로 산 시계가 없어졌다고 펑펑 울었고, 선생님께서 분실 사고가 발생했다고 화를 내셔서 순간 겁이 났기 때문에
G·U·I·D·E 선생님께 사과하는 내용의 경원이의 편지글입니다. 경원이는 장난으로 다희의 시계를 숨겼는데 다희가 새로 산 시계가 없어졌다고 펑펑 울고 선생님께서도 분실 사고가 발생하였다고 화를 내시자 겁이 나서 솔직하게 말할 용기가 나지 않았다고 했습니다.

2 늦었지만 솔직히 사과하였으므로 용서해 주겠다. / 경원이를 불러 다희에게 꼭 사과하라고 말하겠다. 등
G·U·I·D·E 늦었지만 솔직하게 사과했으므로 용서해 준다거나 다희에게 꼭 사과하라는 당부의 말을 생각해 볼 수 있습니다.

3 장점 : 글이 어린이들이 이해할 수 있도록 쉽게 쓰여졌으며, 그림도 친근하다. 책의 앞부분과 뒷부분에는 지렁이에 대한 자세한 설명도 달아 놓아 어린이들의 지식을 높이는 데도 도움이 된다.
단점 : 부모나 교사가 추가로 설명할 수 있는 내용이 없다.
G·U·I·D·E 서평을 읽고 소개하고 있는 책의 장점과 단점을 살펴보도록 합니다.

4 각 내용마다 관련된 교과서 단원을 설명하고 있기 때문에
G·U·I·D·E 이 책은 우주와 별에 대한 많은 정보를 담고 있는데, 특히 각 내용마다 관련된 교과서 단원을 소개하고 있기 때문에 학생들의 과학 공부에도 도움을 줄 것이라고 말하고 있습니다.

05 우리가 사는 세상

1 (1) 발표 주제 : 어린이들의 독서 방법
(2) 듣는이 : 학교 전체 학생
(3) 발표 장소 : 학교 방송실
(4) 발표 내용 : 책의 종류에 따른 독서 방법
(5) 발표 방법 : 공손한 말투와 정확한 발음으로 발표합니다. / 정확한 자료를 조사하여 주제에 알맞은 내용을 발표합니다.

G·U·I·D·E 학교 방송을 하는 상황이므로 장소는 방송실이며, 듣는이는 학교 전체 학생임을 알 수 있습니다. 발표 주제는 '어린이들의 독서 방법'으로서 아나운서가 처음과 끝인사에서 말하고 있습니다. 그리고 김네모는 방송인데도 불구하고 반말을 쓰고 있으며, 방송의 주제에도 맞지 않는 발표를 하였으므로 이 점에 주의하여 발표를 해야 합니다.

2 사람들로부터 목숨을 구해 주겠다.
G·U·I·D·E 샬롯은 윌버에게 목숨을 구해 주겠다고 약속한 후 윌버의 목숨을 구하기 위해 주커만을 속이기로 합니다.

3 ⑴-㉡, ⑵-㉢, ⑶-㉠
G·U·I·D·E 샬롯은 윌버를 살리기 위한 방법이 생각날 때까지 날마다 참을성 있게 기다렸고 마침내 좋은 생각이 떠올라 이를 천천히 그리고 꾸준히 실행해 나갑니다. 이를 통해 샬롯의 성격을 짐작할 수 있습니다.

06 깊은 생각 바른 판단

1 우리나라 땅을 지키려는 마음과 우리나라 땅이므로 당연히 우리나라 사람이 살아야 한다는 마음을 가졌다.
G·U·I·D·E 안용복은 오직 우리나라의 영토를 지키겠다는 일념으로 평생을 울릉도와 독도를 지키는 일에 헌신하였으며, 독도로 이주한 사람들 역시 우리 땅 독도를 지키기 위하여 독도로 주소를 옮겼습니다.

2 독도를 지키는 분들께 위문 편지를 쓴다. 독도에 대해 더욱 관심을 갖고 독도의 소중함을 널리 알린다. 독도의 지리적, 역사적 배경을 알기 위해 노력한다.
G·U·I·D·E '우리가 실행에 옮길 수 있는 방법'을 생각해 보도록 합니다.

3 슈바이처는 노벨 평화상으로 받게 될 상금을 평소 계획한 대로 랑바레네 사람들과 나병 환자들을 위한 병원을 완성하는 데 쓰고자 했다.
G·U·I·D·E 슈바이처는 원주민을 위하여 이미 훌륭한 병원을 만들었습니다. 그리고 또다시 나병 환자들을 위하여 좋은 병원을 지으려던 참이었는데 마침 노벨 평화상으로 많은 상금을 받게 되자 어린아이처럼 좋아하고 있는 것입니다.

4 자신의 부와 명예보다 가난으로 고통받는 사람들을 돕는 것을 소중히 여긴 점과 어려운 환경 속에서도 이들을 위하여 끊임없이 노력하고 베푼 것이 본받을 만하다.
G·U·I·D·E 슈바이처는 더위와 질병 등 온갖 고생을 모질게 참아 내며 아프리카 원주민들을 위해 훌륭한 병원을 지었습니다. 또한 자신의 부와 명예는 거들떠 보지도 않고 오직 가난과 질병으로 고통받는 이들을 돕기 위한 그의 생명 존중 정신과 사랑의 실천은 커다란 존경심을 불러일으킵니다.

07 이야기와 삶

1 풀씨 하나
G·U·I·D·E 길 옆 버려진 깡통 속에 풀씨 하나가 들어와 있게 되었습니다.

2 사람들의 발에 밟혀 풀씨가 잘못될까 봐 걱정된다.
G·U·I·D·E 깡통이 혼자였을 때는 사람들의 발에 차이고 밟혀도 괜찮았지만,

깡통 속에 풀씨가 자라게 되자 지나가는 사람들 발에 깡통이 밟혀 혹시라도 깡통 안의 풀씨가 잘못될까 봐 가슴 졸인다는 내용이 알맞습니다.

3 아버지가 다시 살아나는 것
G·U·I·D·E 어머니는 손가락 피를 아버지의 입에 흘려 넣으며 아버지가 다시 살아나기를 간절하게 빌었습니다. 따라서 '어머니의 소원'은 '아버지가 다시 살아나는 것'임을 알 수 있습니다.

4 자신의 손가락을 깨물어 아버지의 입에 따뜻한 피를 흘려 넣어 살리는 것을 보고 희생 정신이 대단하다는 생각이 들었다.
G·U·I·D·E 자신의 손가락을 깨물어 흘린 피로 아버지를 살린 어머니의 행동에서 대단한 헌신성과 희생 정신을 느낄 수 있을 것입니다.

5 자기에게는 아무짝에도 쓸모없는 물건이기에 돌려주었다.
G·U·I·D·E 욕심 없고 거짓말을 하지 못하는 성격인 총각은 도깨비가 잃어버린 방망이를 찾으러 오자 자신에게 필요 없다고 생각했기 때문에 돌려주었습니다.

6 총각 : 당당하고 대범하다. 욕심이 없고 인정이 많다.
도깨비 : 공손하고 예의바르다. 약속을 잘 지킨다.
공통점 : 의심이 없으며, 정직하다.
G·U·I·D·E 총각은 욕심이 없고 인정이 많으며, 도깨비는 공손하고 예의바르며 약속을 잘 지키는 성격입니다. 둘의 공통점은 모두 의심이 없으며, 거짓말을 하지 못합니다.

사회 술술
02 새로운 문물의 수용과 자주독립

1 당시 조선의 힘을 키우는 것이 먼저라고 생각하였기 때문이다.
G·U·I·D·E 흥선 대원군이 서양 세력에 대해 쇄국 정책을 펼친 것은 서양 세력을 받아들이기에 당시 조선의 힘이 약했기 때문입니다. 그래서 조선의 힘을 기르는 것이 우선이라고 생각한 것입니다.

2 왕권을 강화해야 한다고 생각했다.
G·U·I·D·E 흥선 대원군은 세도 정치로 인해 약해진 조선을 바로 잡으려면 왕권을 강화해야 한다고 생각했습니다.

3 ⑴-ⓒ, ⑵-㉠, ⑶-ⓒ
G·U·I·D·E 갑신정변은 김옥균을 비롯한 개화파들이 1884년에 일으킨 정변이고, 전봉준은 동학 농민 운동의 지도자였습니다. 그리고 갑오개혁은 조선이 근대 국가로 발돋움하기 위해 1894년에 김홍집이 실시한 개혁입니다.

4 우리나라가 자주독립 국가로 출발한 것을 세계에 알리고자 한 것이다.
G·U·I·D·E 대한 제국은 외세의 간섭으로부터 벗어나 자주적인 독립국가를 만들어 이를 세계에 알리고자 했습니다.

5 일제의 침략인 을사조약에 반대하는 운동을 벌이고, 의병 운동을 활발히 전개하였다.
G·U·I·D·E 일제가 강제로 을사조약을 맺어 조선의 외교권을 뺏어가자 우리 선조들은 반대 운동을 하고, 의병 운동을 활발히 전개하였습니다.

6 일제
7 조선 총독부

8 안중근

9 나라의 위기를 국민의 힘으로 극복하려면 민족의 힘을 키워야 했기 때문에
G·U·I·D·E 계몽 운동을 전개한 것은 나라가 외세에 의해 위기에 빠졌고, 그러한 위기에 빠진 것은 나라의 힘이 없었기 때문이므로 그를 극복하기 위해서 민족의 힘을 키우고자 했습니다.

10 교육 활동과 언론 활동
G·U·I·D·E 애국 계몽 운동으로는 교육 활동, 언론 활동, 국채 보상 운동 등이 있습니다.

과학 술술
04 태양계와 별

1 수성, 금성, 지구, 화성, 목성, 토성, 천왕성, 해왕성

2 수성, 금성
G·U·I·D·E 태양의 주위를 도는 행성은 모두 8개가 있는 데 수성, 금성은 태양과 지구 사이를 도는 행성이고, 나머지 5개는 지구 바깥쪽을 도는 행성입니다.

3 혜성(살별)

4 태양으로부터 나오는 빛과 열이 없으면 사람을 비롯한 동식물이 살 수 없게 되기 때문이다.
G·U·I·D·E 태양이 없으면 식물은 광합성을 이용하여 영양분을 만들 수 없습니다. 그래서 식물을 먹이로 하여 살아가는 동물과 그 동물을 먹이로 하는 동물이 살 수 없게 되는 것입니다.

5 (1) 가장 큰 것 : 태양
  (2) 가장 작은 것 : 수성

G·U·I·D·E 태양의 지름은 약 70만 km로서, 6,400km인 지구 반지름의 109배나 됩니다. 반면에 수성은 반지름이 2,439km에 불과하여 지구의 0.4배의 크기밖에는 되지 않습니다.

6 금성
G·U·I·D·E 금성의 반지름은 6,052km로서, 지구의 0.9배입니다.

7 (1) 지구보다 큰 행성 : 목성, 토성, 천왕성, 해왕성
  (2) 지구보다 작은 행성 : 수성, 금성, 화성

8 행성의 크기가 다양하다. / 지구가 그리 크지 않다. / 태양의 크기는 무척 크다. / 행성 중에서는 수성이 가장 작고 목성이 가장 크다. 등
G·U·I·D·E 태양과 지구의 크기를 보며 알 수 있는 점을 자유롭게 정리하게 합니다. 제시된 표의 내용에서 벗어나지 않게 쓰게 합니다.

9 공전

10 태양 주위를 시계 반대 방향으로 돈다.

11 (1) 태양으로부터 가장 가까이 있는 행성 : 수성
  (2) 태양으로부터 가장 멀리 있는 행성 : 해왕성
G·U·I·D·E 행성이 태양 주위를 공전하는 데 걸리는 시간이 짧을수록 태양과 가까이 있고, 시간이 길수록 멀리 떨어져 있습니다.

12 카시오페이아

13 북쪽

❸ 태양계 행성의 움직임

9 행성이 태양 주위를 도는 것을 무엇이라고 하는지 쓰시오.

_____

10 태양계 행성은 시계 방향과 시계 반대 방향 중 어느 방향으로 태양 주위를 도는지 쓰시오.

_____

11 다음 표는 행성이 태양 주위를 한 바퀴 도는 데 걸리는 시간을 나타낸다. 이 표로 볼 때, 태양으로부터 가장 가까이 있는 행성과 가장 멀리 있는 행성은 무엇인지 각각 쓰시오.

명칭	한 바퀴 도는 데 걸리는 시간	명칭	한 바퀴 도는 데 걸리는 시간
수성	0.24년	목성	11.86년
금성	0.62년	토성	29.46년
지구	1년	천왕성	84.02년
화성	1.88년	해왕성	164.77년

(1) 태양으로부터 가장 가까이 있는 행성 : _____

(2) 태양으로부터 가장 멀리 있는 행성 : _____

4 별자리

12 다음 전설에 해당하는 별자리는 무엇인지 쓰시오.

그리스 신화에 나오는 왕비의 이름이다. 자신의 아름다운 용모를 뽐내다가 바다의 신인 포세이돈을 화나게 하여 자신의 딸을 희생시킬 뻔하였다.

_____ 자리

13 1번 답의 별자리를 찾을 수 있는 곳은 동서남북 중 어느 쪽인지 쓰시오.

_____

MEMO

MEMO

초등 교과 논술 3-②